카페에서 책읽기

카페에서
책읽기

초판 1쇄 발행 2013년 2월 15일
초판 2쇄 발행 2013년 3월 15일

지은이 | 뚜루
펴낸이 | 김명숙
펴낸곳 | 나무발전소
기   획 | 원미연
디자인 | 이명재

등록 | 2009년 5월 8일(제313-2009-98호)
주소 | 서울시 마포구 합정동 358-3 서정빌딩 7층
이메일 | tpowerstation@hanmail.net
전화 | 02)333-1962
팩스 | 02)333-1961

ISBN 978-89-969378-4-5 03320

＊ 책값은 뒤표지에 있습니다.

뚜루와 함께 고고씽~ 베스트컬렉션 39

카페에서 책읽기

뚜루 지음

나무
발전소

그리고 나는 독자가 되었다.
그것도 까칠하고 순결한.
그렇게 내 인생에 불쑥 펼쳐져
새로운 인생을 보여주는 책 속으로
밤이면 밤마다 날이면 날마다
과감하고 거침없이 뛰어들었다.

누군가는 내게 말한다.
소설 읽을 시간에 건설적인
자기계발을 하라고. 개떡같은 소리.
나는 지금도 소설을 옆에 끼고 앉아
알듯 모를 듯한 인생 속으로
걸어 들어간다.
그들이 모르는 인생 속으로.
이것이 내가 할 수 있고,
하고 싶은,
궁극의 자기계발이다.

앞으로 어떤 책이 나를 새로운
세계로 이끌지 늘 기대하고 있다.

"저는 쓰고 싶어서 씁니다.
다른 사람들처럼 정상적인 일을
할 수 없었기 때문에 씁니다.
제가 쓴 것 같은 책들을 읽고 싶어 씁니다.
여러분 모두에게,
모든 사람에게
아주 화가 나기 때문에 씁니다.
오로지 현실을 바꾸었을 때에만
그것을 견뎌낼 수 있기 때문에 씁니다.
저 자신,
다른 사람들,
그리고 우리들이 이스탄불에서,
터키에서 어떤 삶을 살았고,
살고 있는지를 전세계가
알았으면해서 씁니다…
도무지 행복할 수 없었기 때문에 씁니다.
행복하기 위해 씁니다."

그리고 나는 비로소 깨달았다.
소설, '행복하기 위해' 읽는다는 걸.

이 책을 읽고 있는 지금
행복하다면,
당신의 시간은 결코
아깝지 않을 것이다.

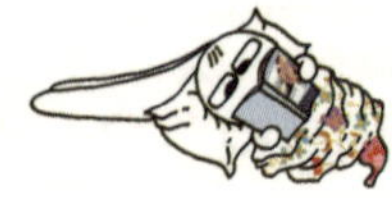

chapter 3

미스터리와 판타지와 호러가 뒤섞인 그곳

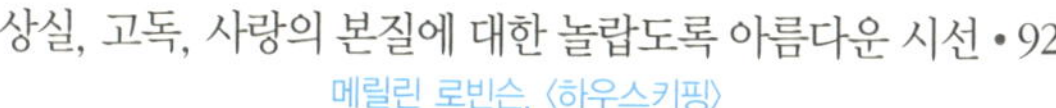

chapter 4

이 소설이 나를 선택하다

chapter 5

공포가 일상이 되는 순간

chapter 6

내 친구 같은 만화

＊ 일러두기
프롤로그와 부록을 제외하고 본문 중 타이핑된 글자는 모두 각 도서에서 인용된 부분입니다.
인용표시는 따로 하지 않았습니다.

chapter 1

스토킹할 작가를
발견하다

두근두근 인생, 살고 계신가요?
김애란, 〈두근두근 내 인생〉

톡톡 튀는 신인 작가의 단편을
읽을 때면 과연 이런 작가의
장편은 어떨지 궁금해지는데
내게는,

예민한 내 다이어리 속
일기 같던 단편집
〈달려라, 아비〉
이때 내가 반했지.

어라?
〈침이 고인다〉는
또 책꽂이에 없다.
누구에게로 간 것인가.

프로필 사진의 삐죽 머리와
어디로 튈지 모르는 눈빛 때문에
강렬하게 인상에 남았다.

2006년에 〈달려라, 아비〉를 읽고
장편이 기다려진다고 썼는데
그 기다리고 기다리던 장편이 드디어!
나왔다!

"기적 같은 청춘
가슴 벅찬 사랑이 시작된다!"

"아버지와 어머니는 열일곱에 나를 가졌다."

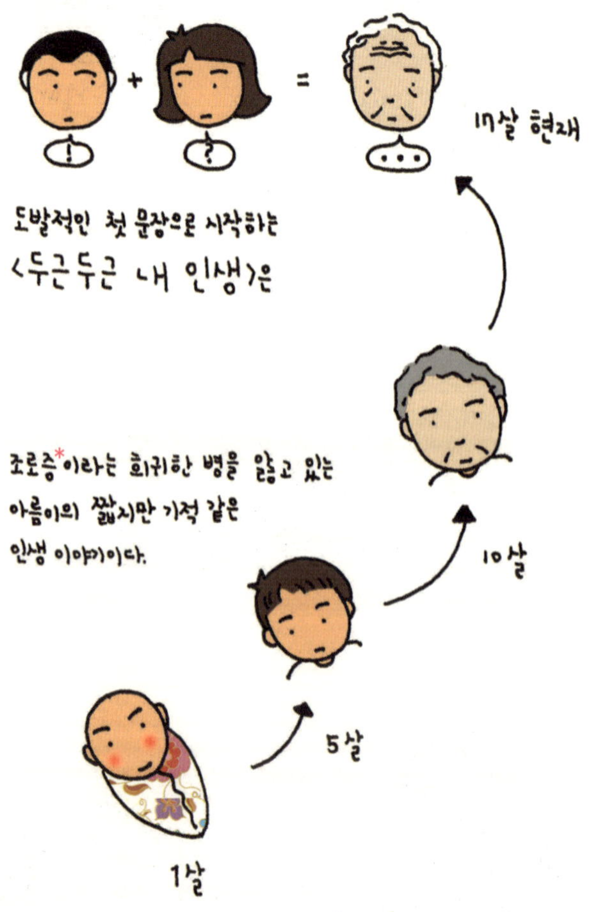

*조기 노화현상을 보이는 치명적인 희귀 질환.
세계에 보고 된 건 백 건 정도임.

"부모는 왜 아무리 어려도
부모의 얼굴을 가질까?"

애란 씨 특유의 간결하고 경쾌한
문장으로 어린 부모들을 이야기한다.
어쩌면 우리 부모님께서 그랬던 것처럼
탄생의 기적에 관해.
그리고 ...

"자식은 왜 아무리 늙어도
자식의 얼굴을 가질까?"

2부에서는

젊음이 어떤지, 늙음이 어떤지
알 수 있을까? 지나보면 아름답다
느낄 거고, 기력이 쇠하고 나서야
후회하게 될 테니까. 인생이란 것을.
아름이는 이 모든 과정을 몇십 년은
빠르게 겪어가고 있다.

3부에서는

이제 가을이다.
추파라는 단어도 예쁜.
아름이에게 다음 계절이 올까?
가을 물결, 추파가 올까?

"괜찮다면 또 편지해도 될까?"

……

"그럼 한 번 더 행운을!"

그렇게 첫사랑이 지나간다.
열일곱 소년의 마지막일지 모르는
사랑이...

그리고, 4부에서는 ……

"아, 함박눈이구나.
전에 아빠가 구해다 준 초등학교 교과서에서
읽은 적이 있어요. 싸락눈, 만년눈, 소나기눈, 가루눈…
아, 그리고 세상에는 도둑눈이란 이름의 눈도 있대요."

"응, 엄마도 알아."

"그럼 현미경으로 찍은 눈 결정 모양도 봤어요?"

"그럼."

"나는 그게 참 이상했는데."

"뭐가."

"뭐하러 그렇게 아름답나."

"……"

"어차피 눈에 보이지도 않고
땅에 닿자마자 금방 사라질 텐데."

어쩌자고 이렇게 아름답나.
어쩌자고…

이럴 줄은
미처 몰랐어.

ㅇ-ㅣㅇ-ㅣㅇ-ㅣ
ㅇ ㅇ ㅇ

아름아…슬픈 인생아…

아름이의 그날이 얼마 남지
않았다는 걸 알면서 읽었지만
이렇게 슬플 줄이야.
한밤중에 소리 내어 울었다.
소설을 읽고 이렇게 울어본 것이
얼마만이더냐. 신파면 어떠리.

애란 씨의 작품을, 그것도 장편을
손꼽아 기다린 보람이 있었다. 몇 년을!
예민한 다이어리 일기 같던 단편은
쌓이고 쌓여 감성의 근력이 넘치는 장편이 되었다.
경쾌하게 읽히지만 삶과 죽음, 그리고 탄생까지
이야기하는 작가 애란 씨.

그가 돌아왔다?

천명관, 〈고령화 가족〉

천명관, 그가 돌아왔다.

'평균나이 사십구 세'의 골때리는

다섯 가족들을 거느리고 뻔뻔스럽게!

내가 천명관이라는 걸출한 구라발 끝장인 글발을 자랑하는

작가를 만난 건 5년전 〈고 래〉에서였다.

그때 이 고래를 읽고 입을 떡 벌리고 할 말을 잃었었다.

당초 어떤 장르로도 분류할 수 없는
온갖 이야기를 잘도 말아버렸던 것이다.
그리고 그게 또 희한한 맛을 내더라!

이렇게 묘한 맛을 내며 나를 사로잡았던
천명관의 소설을 손꼽아 기다렸다. 정말이다!
중간에 〈유쾌한 하녀 마리사〉가 나왔지만,
아...... 단편이었다.
나, 단편에 무지 약하다. 흑 ㅠ.ㅠ

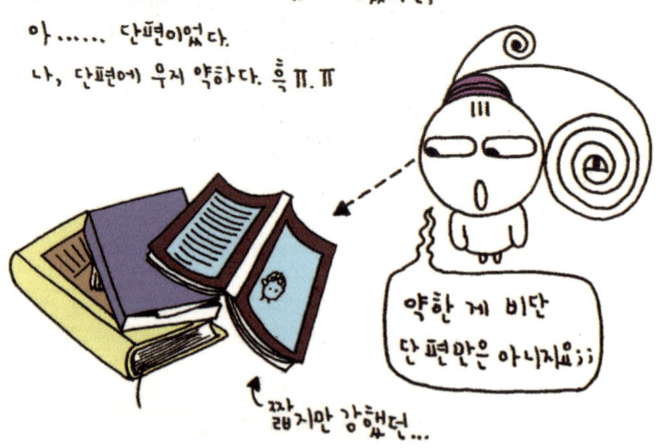

올해쯤에는 믿어볼 수 있을거라는
소식이 들리기도 했지만 이렇게 빨리
읽게 될 줄은 몰랐다.

그가 들려주는 이 뻔뻔한 '막장가족' 드라마.

뭐라는 거야?

얼굴에 '나, 누구 닮지 않았냐?'
라고 쓰여 있는 마흔여덟 살 백수.
영화 한 편으로 인생 제대로
말아드시고 노모의 집으로 기어들어온
막장 집안의 차남 '오인모'

주워온 헤밍웨이 전집

어느 가족에게나 이런
골치 아픈 삼촌 한 명쯤
있지 않을까 싶은데...
묘하게 누구 닮지 않았어요?

음...
읽으면 읽을수록
닮은 거 같아!

싸가지 조카 '장민경'
딱 요즘 10대 같다.
싸가지 없다구?
...글쎄...

스몰사이즈 피자
그까이꺼 너 혼자
다 먹어도 되는데,
담배는 끊자.
응?

삥까지
뜯겼으니
끊겠지!

뜬금없지만 가슴 찡한 〈노인과 바다〉의 청새치
쉰두 살에 "아직도 죽지 않고" 살아 있는 장남 '오한모' 속칭 '오함마'
저것들이 의리도 없이.
뿌웅 뿌웅 뿌웅
공사장에서 쓰는 망치가 '오함마' 라는데 전... '오함마'가 왜 그렇게 안 불렸죠? 아무리 노력해도 일이 꼬이는 인생이랄까요.
처음엔 진상 중에 진상이었는데.
바람둥이인 집안의 막내 '오미연' 빠가저의 모친
말도 안 돼! 너, 이 빠빠쓰를 보고도 그런 소리가 나와!
어떻게 이 집구석엔 제대로 된 자식이 한 명도 없단 말인가.

자기 살기도 바쁜 다 늙은 자식들에게 '엄마'란
어떤 존재일까? 아무런 이유도 묻지 않고, 따지지도 않고
자식들을 끌어안는 존재가 '엄마'일까.
소설 속에서 나는 '엄마'의 이름을 찾지 못했다.
소설 속 어딘가에 있을 수도 있지만 내게
'엄마'는 막장가족들이 생각하는 그런 '엄마'였다.
누군가의 딸이자, 여자였던 '엄마'를
생각하지 못한 가족들과 같았다.
그리고 나는 궁금해졌다.
어쩌면 우리보다 더 격정적인 인생을 살았을
엄마라는 여자의 일생이!

PS 1. 처음엔 뭐 이런 '막장가족'이 다 있나 했지만
      책을 덮을 때쯤엔 전혀 막장스럽지 않더라.
      왜냐구? 그들에겐 막강파워 엄마가 있으니까!

내 가족들을
니들이 알아?
아마
모를걸!
한 번만 더
빠빤에 손대봐!
또
시작이군
...
니들은 알까?
"이보다 안 좋을 때도 있었다"는 걸...

PS 2. 민머리(   )에서 더벅머리(   )로
      스타일 확 바뀐 사진 보고 풋 ^^

아직도 안
읽은거야?
그러다 새 책
나온다. 너들러!
천명관은 다음 작품으로
〈나의 삼촌 부루스 리〉를
출간했어요. 골치 아프지만
그렇다고 내다 버릴수 없는
애증의 삼촌 부루스 리.
기대하고 있어요~

하루키의 계절에 만난 나의 하루키
무라카미 하루키, 〈1Q84〉

몇 달 전부터 집요하게 스토킹하던
책이 있었다.

하루가 멀다 하고 네이버에게

대놓고 물어보며 언제쯤 읽게 될지
그 어떤 책보다 조바심치며 스토킹을 감행했다.

그런 와중에 원서로 읽은 누군가의
등장인물 소개라도 볼라치면, 어머낫!

이쯤 되면 내가 스토킹하던 책이
어떤 책인지는 아시리라!

1Q84
앗, 눈부셔~
어머니나나나~~
이렇게나 초고속으로
나와 주시다니요!
너... 뭥미?

몇 달의 스토킹 결과 내 옆에,
그 모습도 다소곳이 누워 있는
〈1Q84〉에 대해
이야기하진
않겠어요!
뭐... 나까진;;;
하루키 열혈팬들의
리뷰가 엄청 올라올 것이기에.

<1Q84>의 내용을 뺀(!) 나머지를
이야기해볼까 한다.

우선, 무라카미 하루키

만약 고양이를 키운다면 이름을
'하루키'라고 지을, 예민하고 까탈스러울
것만 같은 이름, 무라카미 하루키.

그와의 인연은 오래전, 10년도 전에
<노르웨이의 숲>에서 였지만...
거의 기억나지 않으므로
그냥 넘어가야겠다, 끙.

그와의 두 번째 인연은 〈태엽 감는 새〉되겠다.
이 책 4권을 도서관에서 야심차게 대출하고는
1권만 읽은 채 그대로 반납했다.
엄청나게 꼬질꼬질한 몰골에 오물 흔적투성이라.

앗, 그리고 잊을 수 없는!

'유두가 달려 있는 사람 가죽'과
아침 10시에 해 먹는 '스파게티'

소설 곳곳에서 주인공들이 무심코 먹는 요리는
별거 아닌데도 왜 그렇게 맛있어 보이는 건가?

그와의 세 번째 인연은 〈해변의 카프카〉
전부터 종종 느끼고 있었지만 내가 하루키를 읽었던
계절을 생각하면 여름밖에는 떠오르지 않는다.
도무지 가을이나 겨울은 있지도 않은 계절같고
달콤한 봄은 상상조차 할 수 없는 계절이 되어버렸다.

아마도 하루키 = 여름이라는 공식이 생겨난 것은
〈해변의 카프카〉 영향이 지대하다!

물론 가을이나 겨울 혹은 봄에도 읽었을지도
모르지만 생각나지 않는다.
오로지 펄펄 끓는 8월,
여름에는 반드시

이런 몹쓸 '하루키 계절'에 대한 고정관념이
굳을대로 굳어진 8월에 만난 하루키라니 ㅠ.ㅠ
(더우면 무죠건 하루키!)

밖의 날씨는 펄펄 끓어오르고,
테이블 위의 아이스커피 속 얼음은
시원하게 동동 떠 있고,
고드름이 얼 것 같은
차가운 에어컨 바람으로
등줄기로 또로록 타고 흐르는
땀을 식히며 〈1Q84〉를
펼쳐 든다.

'나의 하루키 계절'에 나와준 〈1Q84〉

결국 나도 모르겠지만
정이현, 〈너는 모른다〉

이 책을 다 읽는데 이렇게 오랜 시간이
걸릴 줄은 미처 몰랐다. 지인의
"단숨에 후루룩 읽게 될 것이야!"
라는 말에 한 치의 의심도 없이 이틀이나
삼일이면 읽게 되리라 생각했다.

하. 지. 만...

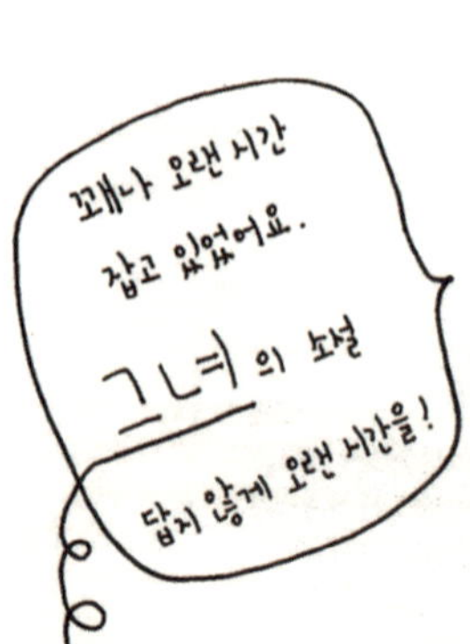

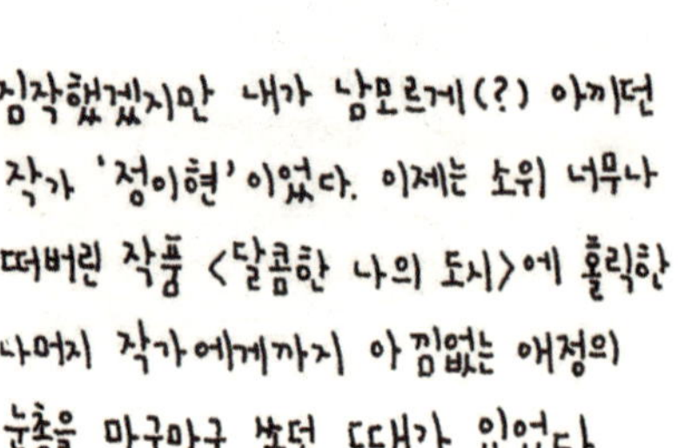

짐작했겠지만 내가 남모르게(?) 아끼던
작가 '정이현'이었다. 이제는 소위 너무나
떠버린 작품 〈달콤한 나의 도시〉에 홀릭한
나머지 작가에게까지 아낌없는 애정의
눈총을 마구마구 쏘던 때가 있었다.

달콤했던(!) 나의 도시가 소설 바깥에서
여러 다른 버전으로 소설로서의 매력이 다소
반감된 채 퇴색되어가는 모양새를 두 눈
부릅뜨며 지켜본 독자로서... 안타까웠어요.

이런 안타까움에 신작이 나왔다는 소문이 들리자
읽지 않고는 그냥 넘어갈 수 없었다. 나는 어쩌면
여전히 작가의 달콤함을 느끼고 싶었던 것일까?
그러나 나의 가장 큰 실수는 이것이었다.
그녀의 '달콤함'을 기대했다는 것!

이 '달콤' 이라는
단어를 쓰면서 작가는
과연 이 단어에서 무엇을
느낄까 궁금해졌어요?
독자에게 (아니면 나에게만;;;;)
'정이현 = 달콤한 나의 도시'
라는 공식이 떠오른다면....
어떨까요?

치명적이지
않을까?!

꼬깔이야,

내 예상은 보기 좋게 빗나갔고 작가는 '달콤'이라는 단어에
저주라도 퍼붓듯 아주, 아주, 아주!
쓴맛 가득한 소설 한 편을 내놓았다. 독하게.

정말?
나만
모르는 거였어?

"시체가 발견된 것은 5월의 마지막 일요일이었다."
초반에는 이 소설을 미야베 미유키의 소설 같은
느낌으로 읽기 시작했다. 미스터리한 한 사건에
수많은 주변인물들이 거미줄같이 엮이면서 끈끈하고
거대한 이야기를 구성하는 미스터리 소설처럼!

"눈을 꼭 감고 있어 표정을 읽을 수 없었던" 남자의 시체로 시작된 이 소설은... 어라? 유지의 실종인지 납치인지 가출인지에 흩어졌던 가족관계가 얽혀드는 거예요. 대체, 유지는 어디에 있기에. 저도 유지 찾기에 혈안이 되었어요.

그리고 서서히 한 꺼풀씩 벗겨지는
그 누구도 알지 못했던
가족들의 비밀.

"삐뚤게 잘린 엄지발톱이 살갗을 조금씩 파고들어도 많은
사람들은 알아채지 못한다. 그들은 마치 남의 집 불구경하듯
제 발을 멀뚱멀뚱 내려다보았다.
그러다 마침내 발가락을 잘라내야 하는 절체절명의 순간이
닥쳐야만 뒤늦게 당황했다.
어쩔 줄 모르는 나머지 엉뚱한 곳으로 원망의 화살을 날리는
경우도 비일비재했다."

블랙커피 백잔쯤을
마셔버린 이 씁쓸한 마음을 어쩌면 좋죠?!

그날, 카페에서 작심하고 읽어버린
〈너는 모른다〉의 쓴맛을 고스란히 안고
집으로 돌아왔고 그날 밤...

PS.   그녀의 대표작이 바뀌었다.

스토킹할 작가를 발견하다
장은진, 〈앨리스의 생활 방식〉,
〈아무도 편지하지 않다〉

※ 주의: 장은진 작가를 향한 무한 팬싱이
작용한 칼럼임을 밝힘!

도서관 마니아인 나는 그날도 습관처럼
혹은 반납일 재촉에 못 이겨 다 읽거도
못한 책들을 챙겨 도서관에 갔다.
신간코너에서 어떤 책을 골라갈까 날렵한
눈놀림으로 훑어봤던 중에 발견한 책,
〈앨리스의 생활 방식〉 -장은진-

〈앨리스의 생활 방식〉은 표지도 그렇지만 첫 문장에 끌렸다.

"서른이란 나이에 내 집을
갖는다는 건 어떤 기분일까.
내 노트북도 아니고,
내 자동차도 아니고,
그렇다고 내 여자도 아닌
'내 집' 말이다."

로 시작하는

장은진의 장편소설!

어느 날 '내 집'을 갖게 된 306호 남자는
이사를 하고 나서야 알게 된다. 그 집이 왜!
시세보다 싼 가격에 자신에게 넘어올 수
있었던 것인지. 그것은 305호 그녀 때문이었다.

305호 그녀에게 앨리스라는 이름을 붙여주며
그녀와의 기묘한 이웃사촌생활이 시작된다...는
다소 엉뚱한 이 이야기의 시작은 그럼에도,
감시구로 밖을 내다보는 그녀의 모습을
끝없이 상상하게 한다. 305호 그녀를!

하루종일 무얼 하며 보내는지, 생활은
어떻게 해나가고 있는지, 정말 10년 동안
한 발자국도 집 밖으로 나온 적이 없는지.
나는 점점 그녀를 상상하기 시작했다.
그와 함께, 감시구를 통해.

그리고, 장은진 작가에 대한
집요한 스토킹은 305호 그녀로부터
시작되었다. 두둥!

<앨리스의 생활방식>으로
상상이 지나쳐버린 나는 손가락을
재빠르게 놀려 <키친 실험실>이라는
단편이 있음을 찾아냈다.

만약 당신이 장은진 작가에게 관심이
생겼다면 〈키친 실험실〉부터 읽어보라고
권하고 싶다. 8편의 단편들 속에서
순간순간 반짝이던 대화나 문장, 인물들이
어떻게 발전해서 〈앨리스의 생활 방식〉이라는
매력적인 장편이 되었는지를 발견하게 될 테니!

오랜만에 제대로 꽂혀서 앞으로도
쭉욱 스토킹할 작가를 만나고 보니
살짝 흥분했다.

아! 다시 책 이야기로 돌아오자면,
작가의 프로필에 2009년 문학동네 작가상을
수상했다는데... 책이 없었다. ─.─;;;
〈앨리스의 생활 방식〉이 먼저 나온 탓에
상 받은 작품을 나중에 읽게 됐다.

<아무도 편지하지 않는다〉 얼핏 영화 제목을
떠올리게 하는 이 책은, 한 남자가 눈먼 개
'와조'와 모텔을 전전하며 자신이 만났던
이들에게 편지를 하는 이야기로 물론,
아무도 답장하지 않는다. 그럼에도 남자는
지치지도 않고 3년을 와조와 떠돌이 생활을
하는데 그러던 중, 왠지 수상한 그녀를 만난다.
그가 붙여준 그녀의 숫자는 751

어쩔 수 없이 〈앨리스의 생활방식〉이 생각나는 건
305호 그녀와 751의 은둔적인 남다른 삶 때문일까?

305호의 "지적 은둔자, 세련된 은둔자, 고고한 은둔자"인
그녀도 은둔을 위해서는 한 명이 필요했다.

집요하게 남자와 와조를 따라 모텔을 전전하던
그녀는 헤어지면서 말한다.

마치 305호 그녀가 아무도 모르게 살며시
아파트를 빠져나와 여행가방 하나를 끌며
홀로 여행하다 남자와 와조를 만나고
드디어, 둘이 있어도 나쁘지 않을 것 같다며
그 옛날 케케묵은 상처를 치유하는 것 같았다.
내겐 …… 그랬다 …… 그리고,

나의 305호 그녀 앨리스와
작가인 751은 아마도 남자와
와조에게 편지를 쓰고 있지 않을까.
너희들을 만나 나는 이제...
혼자가 아니라고.

두 편의 장편소설로 내게 스토킹할 작가로 자리매김한
장은진 작가. 다음 장편소설에서는 또 어떤 '나'의
모습을 발견하게 될까? 그녀가 보여주는 '나'의 모습을
어서 만나보고 싶다. 혹시? '치약과 비누'? ^^

말로는 표현할 수 없는 고독
기리노 나쓰오, 〈부드러운 볼〉

예전에는 책을 읽으면서 이 책이 어떤 출판사의
무슨 시리즈인지에 관해 그다지 관심을 갖지 않았다.
특히, 시리즈를 다 모을 것이 아니기에 별 관심을 보이지 않다가
책을 읽으면 읽을수록 같은 시리즈의 책들이 내 취향인 것을
알아보고 시리즈 목록에도 눈을 돌리게 되었다. 그중에서도
추리, 공포, 스릴러에 탁월한 목록을 갖춘 시리즈는... 역시!

＊ 현재 128번까지
출간되었음.

알찬 목록으로 신간이 나올 때때면
챙겨와 두곤 하는 시리즈 중의 시리즈이다.

이번에는 기리노 나쓰오 여사의
제법 묵직한 책이 동시에 나와주었다.

이런 목록을 보면 지나치지 못하고 기어이 체크하고야 마는 강박적(!)
버릇이 있는 나는 망설임 없이 쥐고 있던 연필을 들어 밑줄을 그어보았다.

총 6권의 기리오 나쁜오 여사의 책이 있었는데
밀리언셀러 클럽 넘버로 하면,

044

〈아임 소리 마마〉
추리 스릴러 하드보일드

062

〈암보스 문도스〉
단편집

나쁜오 여사는 장편이 어울린다는
것밖에는 생각이 안 난다는.

063

〈잠학기〉
추리 스릴러 하드보일드

〈아웃〉 ☑ BEST

추리 스릴러 하드보일드

이 책을 읽고 나서 나는 비로소
나쓰오 여사 특유의 동정 없는 와일드함에
반해버렸고, 마지막 주인공들의 박진감(!)
넘치는 사랑(?)에서는 눈을 뗄 수 없었다.

먹음직스런 복숭아에 벌레가 꼬이듯 유카에게 관심을 가지는 사람들... 각자가 바라보는 시선 또한 다르기만한데...

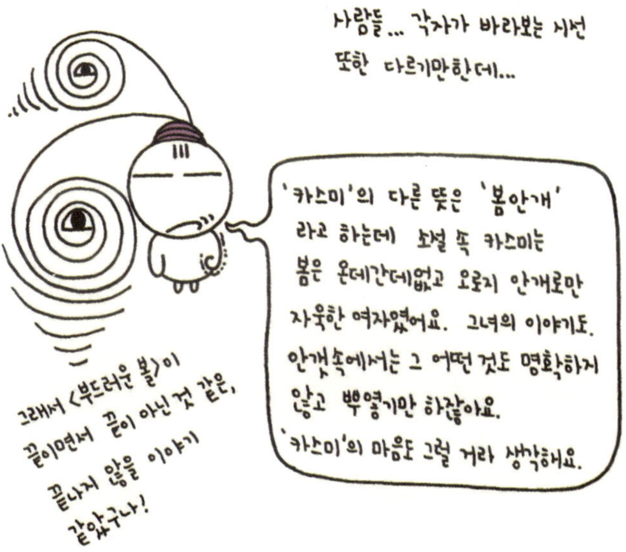

〈메타볼라〉
추리 스릴러 하드보일드

"기억상실인 채 오키나와의
밀림을 헤매던 청년 간지"의 이야기라는데
지금까지 나쁜오 여사가 그리던
독하지만 우울한 여성심리에서
벗어난 작품이라 은근히 기대되기도 한다.
엄청나게 긴 이야기가 시작될 듯!

chapter 2

놀랍도록
아름다운 시선

휴가를 갔다 왔다. 북극으로!
요른 릴, 〈북극 허풍담〉

아무 일도 일어날 것
같지 않은 고요한
얼음의 나라 북극.
과연 그곳에선 어떤 일이?

요른 릴이 능청스레 떠는 허풍이
사실인지 아닌지는 중요하지 않다.
어차피 북극도 사람 사는 동네이며
사람 사는 곳에서 일어나지 못할 일이란
그 무엇도 없다고 생각하니까.

북극의 살벌한 빙판에서 알몸으로
달리기를 한다든지,

헉헉헉
"빌어먹을! 밖이 새까매!
잠잘 생각이 없다면
우울해지기 딱 좋겠어.
바깥을 내다보기만 해도
머리가 부풀어
터지겠어."
뛰어 봤자 소용 없어.
그러다 바람 맞으면 어쩌려고 그래, 안톤! 적당히 뛰라구.

그런다고 뼛속까지 스민 외로움이나 본능(!)이
사그라지지는 않지만 저마다 몸부림친다.
심지어 애완 닭을 키우기도 한다.

"알렉산더가 뭘 가졌는지 네가 알아?
아니지, 알 리가 없지.
넌 도통 아는 게 없으니까.
알렉산더의 머릿속에는
뭔가가 들어 있어.
친구, 너한테는 없는 바로 그것."

북극의 칼바람 앞에서 각자가 사투를
벌이는 상황에서 묘령의 처녀가 나타난다.
그녀의 이름은, 엠마

사람들은 혼자 있으면서 누군가가 옆에 있기를
간절히 바란다. 달이건, 엄마건, 오스카건.
그러나 정작 사람과 같이 있다면?

'할 말을 모두 비워내고' 다시
혼자가 되기 위해 혼자만의 삶 속으로
저벅거리며 들어가는 북극의 그들.

〈북극허풍담〉 2권의 140페이지까지 읽고
폭염 속에 허덕이던 내 휴가는 끝났다.

할 말과 들을 말들을 모두 쏟아내고
북극의 그들처럼 이제야 겨우 혼자가 되었다.
나는 가끔 우울하고 고독하고 그립겠지만
그럴 때면 그들의 허풍에 깔깔거릴 거다.
그것이 진실이건 허풍이건 상관없이.
어차피 인생은 진 반 농 반 아니겠어.

혼자 가기 만만한 식당 어디 없나요?
무레 요코, 〈카모메 식당〉

카페에서는 책을 읽거나 (55%쯤?) 그림을 그리거나 (45%쯤?) 하기 때문에 혼자 집중하기 위해 가는 일이 많고 심지어 약속 시간보다 한 시간 정도 일찍 나가 카페 분위기를 즐기기도 하는데.

그래서 혼자 가기 좋은 카페를 검색하다가
혼자 가기 만만한 식당을 검색하기도 하는데,

이런 혼자 가기 만만한 식당이 간절해질 때는

끙...

감기몸살로 앓아누웠을 때다.

이런 날이면 아마도 나는 꼭
이 식당에 가고 싶어질 거다.

표지 색감이 무척
담백하다. 표지
사진 속 새침한
사치에의 모습에서
카모메 식당의
분위기가 느껴진다.
카 모 메 식 당
Kamome shokudo
かもめ 食堂
오~ 느낌 있다!

↑
띠지마저도
느낌 있는.

〈 카 모 메 식 당 〉

미리 밝혀두지만
나는 영화를 보지 못했다.

<카모메 식당>은 세 여자가 핀란드의
조용한 카모메 식당에서 만나
서로에게 친구가 되어주고
위로가 되어주는 과정을
아주 담백하게
담아내고 있다.

이 머나먼 곳에 세 여자가 있다.
카모메 식당 주인인 사치에

'어린이'라고
의심할 만큼
절대 동안(?)
서른여덟

화려하게 담지 않아도
좋아. 소박해도 좋으니
제대로 된 한 끼를 먹을
만한 가게를 만들고 싶어.

카페건, 식당이건
자릿값 하라는 거지.

요런 토스트 2장에
계란 프라이도 없으면서
배가 부르기는커녕 괜히
들어왔다 싶은 식당이 있어요.

살짝 크림
바른 토스트

손가락으로 찍어서 핀란드에 온 미도리

찍었는데 글쎄
핀란드였어요.
"다들 나이를 먹었구나."
생각했는데 어느새
나도 나이를 먹었더라구요.

40대의
평범한 삶을
살다 문득!
경색하다 본
미도리의 모습은 굿!

같이 찍어봐.

뭐랄까... 미도리를 보고 있으면
평범하게 나이를 먹어가는
여자의 모습이 보인달까요?
나 혹은 내 친구 또는 친구의 친구 같은.

그러다
알래스카
찍는다?

핀란드에 와서 가장 다행이었던 **마사코**

그렇지만 두 분은 아직 젊잖아요. 나는 결혼도 하지 않고 이 나이까지 줄곧 부모님 뒷바라지만 하고 살았답니다. 머릿속이 사회적으로 되어 있지 않은 거예요, 분명.

이렇게 30대, 40대, 50대의 세 여자가 각각의 사정을 안고 핀란드의 카모메 식당에 하나둘 모여들면서 식당 안에선 비로소 달콤한 향이 은은히 번지기 시작한다.

사치에의 믿을 수 없는 '운'에 설마? 설마?를
반복하며 책을 놓을 수 없게 만들더니
앉은, 아니지 누운 자리에서 모두 읽게 만들었다.

아무래도 나는 '뻔뻔한' 사치에에게 반한 것이다.

자신에게 솔직하고, 원하는 것이 무엇인지 알고,
그것에 몰입하여 자신을 조용히 그러나 과감하게
던지는 용기 있는 사치에에게.

그리고 나는 몹시, 몹시 허기가 졌다.
'아는 사람들만 아는' 카모메 식당에서 메뉴에는 없지만
사치에라면 만들어줄 것 같은 '잘 지은 밥이랑 채소 절임이랑
된장국'이 먹고 싶어졌다. 그녀의 최고의 식사를.

버지니아 울프를 닮은 그녀들
애니타 브루크너, 〈호텔 뒤락〉

며칠 전 아무 일도 없이 호텔에서
잘 일이 있었다. 그냥!

호텔 방에 들어서면서 제일 먼저 한 일이
있는데 이게 또 고층 호텔 방에서의 내 오랜
로망이었던 것이다.

이 장면을 생각할 때마다 떠오르는
책 표지가 있는데 호텔에서도 좋아라 했다.
마치 그 책의 표지처럼 포즈를 취하며
한껏 흥분했었다. 그 책이 뭐냐구?

문학동네에서 꾸준히
나와주는 세계문학전집

069

양장과 반양장이 나오지만
역시 나는 양장파.
표지를 벗겨 내도 심오하게
있어 보인단 말이지.

〈호텔 뒤락〉에서 작가 어니타 브루크너를
얘기하지 않을 수 없는데 작가와 극 중 주인공인
이디스의 이미지가 상당히 겹치기 때문이다.
그만큼 이 책은 어니타 브루크너 자신의 이야기가
아닐까 … 싶은 생각마저 든다.

하지만 작가는 버지니아 울프의
자기만의 방과 고정수입이라는
여성의 독립에서 조금 더 나아간다.
과연 그것만 해결되면 문제는 없는가?

설마一ㄱ

호텔 뒤락에서 만난 네빌은 이렇게 말한다.

자기만의 집과 고정수입이 생긴 이디스에게 필요한 건
사회적으로 견고하게 관습화된 결혼이라는 지위였던 거다.

이 소설이 1984년에 쓰인 걸 감안하더라도 그다지 낡은 생각
같지는 않다. 오히려 현재에도 비슷한 상황들이 벌어지고 있지 않나?

그리고 과감하게 결혼으로부터 스스로 멀어지는
이디스의 선택 앞에선 조용히 바라볼 수밖에 없다.

마지막에 이디스는 "집으로 돌아간다." 아니지,
그냥 "돌아간다." 획일화된 라이프스타일을
선택하고 사회적으로 안정된 지위를 얻을
것인가? 자신만의 라이프스타일을 선택하고
고독할 것인가?

"헤럴드, 나는 자신의 생활방식,
이를테면 그 라이프스타일을
가졌다는 사람을 몰라요.
그게 무슨 뜻인데요?
당신이 가진 물건은 모두
아무리 오래 잡아도 오 년 안에
한꺼번에 샀다는 의미인가요?
그렇다 하더라도 그렇게 해방되어
자유롭다면 왜 자신이 먼저
바에 내려가서 누군가를
붙잡지 못하죠?
분명 가능한 일일 텐데요."

“그녀는 마지막 순간에
기회를 놓치죠.”

PS. 아이러니하게도 브루크너는

결론? 그런 거 없다.
삶이란 결론 나는 것이 아닌
늘 진행형의 변수들로 가득하므로.

이래도 결혼할 테냐? 아마도…

왕하이링, 〈신 결혼시대〉

사랑에 빠졌을 때는 상대방의 두꺼운
뱃살까지도 야위어 안쓰럽게 보이는 것이
사랑 아닐까? 그러다가도 금세 토라져
싸우기도 하고 급기야 울며불며
헤어짐의 절차를 밟기도 한다.
어느 날 카페에서 보았던 이들처럼.

아뇨!
자리 잘못 잡았다.
헤어짐의 구구절절한 이야기를
등 뒤로 다 듣고 싶지는 않았다.
대단히 사적인 얘기라 들려오는 소리에
내내 좌불안석 (내가 그럴 필요 없는데;;)
그 남자의 훌쩍이는 소리가 들리는 순간
벌떡 일어나 자리 옮겼다.
아… 남자여……

이들은 과연 헤어졌을까?
분위기로 봐서는 헤어졌으리라 생각되지만,
이게 어디 하루 이틀 쌓은 공든 탑이겠는가!
헤어지긴 쉽지 않겠지.

그럼 이들에게 사랑의 통쾌적이고도 격렬한
싸움의 종지부가 이별이 아니면 결혼일까?

그렇다면, 결혼을 하면 이 모든 크고 작은
싸움이나 문제들을 말끔히 해결할 수
있을까?

하다못해 밀일드라마를 보더라도 `살맛 안 납니다` 빅이지 뭔가. 이런 이야기들을 유친 (유부녀친구)들에게 말하면,

자신들이 그동안 겪었던 수많은, 정말 수많아서 머릿속에서 지진이 날 것만 같지만 용케 버텨낸 자신이 대견한지 (사실 대견하다!) 울컥거리며 쏟아내기 시작하는 그녀들.

대체, 결혼생활이 어땠냐구?

그것이 궁금하다면 왕하이링의 소설 〈신 결혼시대〉를 읽어보시라. 50페이지도 읽기 전에 숨 막히는 그들의 결혼생활을 엿보게 될 테니까!

중국작가의 책 〈기다림〉을 무척 '무겁게'
읽은 기억이 있는 나는 왕하이링이라는 처음
들어보는 작가도 그에 못지않게 무거움에
짓눌리는 게 아닐까?... 의심스러웠지만,

결코 의심하지 마시길!

통쾌적이고 진부한 일일 드라마 같은 주제를 가지고
'신선하면서 케케묵었고, 다정하면서 비통하며,
열정적이고도 무미건조한 결혼의 모든 것'에 대해
환상 없이 현실적으로 그려내고 있는 왕하이링.
따지 문구임.

그가 말하는 신 결혼시대란?

매력만한
남자도 없어.

음...

결단을
내려라,
샤오시!

아이고,
사돈!

난 괜찮응아,
젠궈야...

구샤오시

허젠궈

나에게 가족은
나와 젠궈,
딱 두 사람이야.

나에게 가족은
샤오시와 자기 자신 외에 아버지와
어머니가 들어 있어. 형과 형수, 형의
자식들 역시 들어 있어. 게다가
샤오시가 존재조차 알지 못하는, 대대로
궁벽한 시골에서 살아온 할아버지,
할머니, 삼촌, 셋째 고모, 여섯째 이모
등의 사람들까지 예외 없이 모두
포함돼 있어.

도시여자와 시골남자의 결혼은 이렇게 전혀 다른
가치관으로 충돌하며 매 순간 순간 삐걱거린다.

두 사람의 결혼으로 인해 한가족이 되었다고 믿는(!)
젠궈네 사람들과 젠궈네 사람들과는 거리를
두고 싶어하는 도시의 중산층 샤오시네 가족들.
이들의 아슬아슬한 관계는 항상 내가 이런 일들을
처리했으니 이번에는 네가 저런 일들을 처리해야
한다는 식으로 끝임없이 되풀이된다.

여기서 잠깐!

샤오시와 그녀의 친구 젠자의 결혼에 대한
정반대의 생각을 읽으며 무릎을 탁 쳤다!

두 사람이 노력만 하면 호의
호식은 물론 BMW 따위의
명품을 장만하는 것도 크게
어렵지 않으리라
믿어 의심치 않았어.

그래도 젠궈가 잘해주면
별 문제 아니잖아.

결혼해보지 않은 사람은 다 그렇게 얘기할 거야.
나 자신도 예전에는 그렇게 생각했으니까.
참 유치한 생각이 아닐 수 없지.

젠자, 사랑이 전부라고 생각하진 마.
두 사람이 서로 사랑하면 극복하지 못할 난관이 없다거나
그 어떤 것의 지배도 받지 않으면서
그 어떤 시련도 이겨낼 수 있다는 생각은 틀렸어.
사랑은 정신적일뿐 아니라 동시에
물질적인 것이라는 게 정답이야.

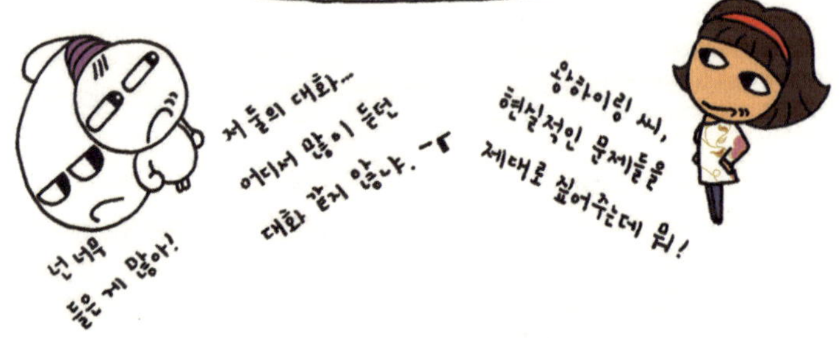

결혼이나 사랑에 대립각을 세우는 그녀들의
대화는 흡사 결혼식에서 받은 부케를 카페
테이블 위에 올려놓고 그날의 결혼을 품평하는
깜찍하고, 솔직하고, 끔찍했던 그녀들을 생각나게 했다.

<신결혼시대>가 어떻게 보면 진부하고 통속적인데도
신선했던 이유라면 급변하고 있는 중국의 이면을
거창한 역사나 경제가 아닌 거극히 사소하면서 치사한 부분까지도
드러내며 결혼이란 어쩌면 같은 고민을 하게 만드는 것이란
사실을 말하기 때문이다. 나만은 특별할 것 같지만 나도 평범하다는 사실을.

끝날 것 같지 않던 <신결혼시대>가 끝나고
나는 유친에게 했던 질문이 떠올랐다.

"결혼하고 뭐가 제일 좋아?"

이것도 정답이 아닐까?

상실, 고독, 사랑의 본질에 대한
놀랍도록 아름다운 시선

메릴린 로빈슨, 〈하우스키핑〉

단출하게 두 권만 챙겨갔던
책들도 그대로 싸들고 와야만 했다.
역대 최고의 노동량을 기록했던
무시무시한 명절이어서 말이지.

집으로 돌아온 나는 기절하듯 바닥에 쓰러졌고
그 순간 나와 눈이 마주쳐버린 책이 있었다.

책상 위에...
아무런 관심도
받지 못한 채 무심히
누워 있던,
내 손길을 기다리던
수많은 책 중
한 권인 바로 그 책,

하우스 키핑

housekeeping
: 살림, 집안 돌보는 일.
　집안을 이루고 살아가는 일.

＊네이버 사전

"내 이름은 루스.
나는 여동생 루실과 함께 자랐는데,
처음에는 외할머니인 실비아 포스터의 손에서,
그분이 돌아가신 다음에는
당신의 시누이들인 릴리와 노너 할머니
자매의 손에서 자랐다."

그렇게 읽기 시작한 〈하우스키핑〉은
나를 사로잡았고, 아무것도
할 수 없게 만들었다.

"중력도 없고 만질 수도 없으며 섞여지지도,
나누어지지도 않는 존재로 떠돌아다니고
있다고 생각" 하는 **루소**.

할아버지는 기차가 호수 속으로
곤두박질치는 사고로 가라앉았고
엄마는 호수 속으로 차와 함께
날아갔다.
그렇게 호수는 모든 것을 삼키고도
고요한 침묵을 가장한 채
그림자 같은 핑거본 마을을 비추고 있다.
자매는 늘 그 자리에 계실 것 같던
할머니가 돌아가시고 소식이 끊겼던
실비 이모가 집으로 돌아오면서
변화를 맞게 된다. 미묘하게.

"엄마 나이쯤 될 것이고
엄마랑 너무 닮은."

하우스키핑의 모든 것을 거부하는
실비 이모의 등장으로 자매는 혼란에 빠진다.

아침을 지나 점심을 넘어서는 시간에,
늦더위가 폭염으로 치닫고 있던 그 땡볕의 한낮에,
실비 이모의 두꺼운 외투를 걸치고
호수의 빙판을 맨발로 걸어가는 기분이었다.
마치... 세상이 정지한 듯 그렇게.
한밤의 그 호수에 누워 밤하늘을 올려다보고,

카운터에 앉아 루스에게 마음을 털어놓듯
그렇게.

"나는 낯선 이들이 서로 주고받는 이야기를
엿듣기를 좋아하며, 고독한 사람들이 아주
사소하고 하찮은 위안 가운데서 얻는
그런 까다로운 즐거움을 좋아한다.
비가 오거나 날씨가 험악한 날이면
외로운 사람들이 카운터에 팔꿈치를
올려놓은 채 어떤 파이가 있느냐고 묻는다.
오로지 길고 오래된 장광설을 다시 한 번
듣기 위해서 말이다."

어떤 책은 줄거리가 무의미한 책이 있다.
한 페이지 한 페이지를 무심히 넘길 수 없는.

<하우스키핑>을 다 읽은 것과 동시에
청소를 하고 시원한 홍차를 마시며
집에 돌아온다는 것에 대해
살림에 대해
그리고 가족에 대해 생각한다.

나도 어쩔 수 없고
너도 어쩔 수 없고
그러나
'이게 최선인' 가족에 대해.

PS. 두 번째 읽을 때때 나는 이 책을 어떻게 읽게 될까?

에브리맨처럼 늙고 죽어가겠지
필립 로스, 〈에브리맨〉

이 아담하고 얄팍한 책을 가볍게
본 것은 내 최대의 실수였다.

이 책이 가벼워질 수밖에 없었던 이유는,
200페이지도 되지 않는 얄팍한 책에
고급스런 양장을 두르고 나왔으면서도
세상에! 책갈피 끈도 없는 이 책,

〈에브리맨〉

그럼에도, 이 모든 '용서받지 못할 책'의 순위를
단숨에 엎어버리는 그것! 표지에 있었다!!!

클래식한 음반을 연상시키는 표지 그림은
보기만 해도 중후함이 흘러 넘치지 뭔가!
따지의 카피를 보는 순간...

묵직하게 레퀴엠이 깔려도 좋겠다
싶었던 〈에브리맨〉의 우아한 표지라니!

인터넷의 화면발보다 실물이 훨씬
근사했던, 손 안에 앙증맞게 잡히는
〈에브리맨〉을 드디어 읽기 시작했다.
그리고 후두부를 강타하는 이 묵직한
울림은 대체 뭐란 말인가?!

묵직한 울림이 있었던 〈에브리맨〉의 내용은 다소
단순하다. 한 남자의 평범한 일생이야기이다.
에브리맨이라는 보석가게를 했던 아버지와,
언제나 자신보다 건강한 여섯 살 위의 형과,
자신의 세 번의 결혼과 마흔이 넘어도 아내와
이혼한 자신을 용서하지 못하는 아들들에 대해
그는 담담하게 말하며… 늙어가고 있었다.
… 아니, 죽음을 기다리고 있었다!

지금의 내가 죽음이라는 오지 않을(!) 것 같은
종말을 상상만 하듯이 그도 서른셋의 나이에
죽음은 자신과는 '머나먼 미래에나 남아도는
시간이 있을 때'에 닥치는 것이었다.
그런 그에게 죽음과 늘 붙어 다녀야 하는
'노년'이 엄습한다.

노년을 '완전한 인간'까지는 아니어도
성숙한 인간으로서의 연륜이 쌓여가지
않을까 막연히 짐작한 내게
그의 '한때는'……
나도 모르게 지금 이 순간, 스치듯 지나가고
있는 시간을 단어로 보여주는 것이어서
한순간 멈칫했다.

곧 나에게도 닥칠 '대학살과도 같은 노년'과
쓸쓸한 죽음이 필립 로스의 문장을 거치면서
너무나 일상적인 일처럼 느껴졌다.
결코 머나먼 미래의 일이 아님을
'보통사람'의 평범한 시선으로 말하는 〈에브리맨〉

그러기에 노년의 공포를 느끼면서도
왠지 모를 안도감에 휩싸였다.
보통사람이면 누구나 거쳐야 하는 일생이라는 듯.
덤덤하고 쓸쓸하게 그리고, 처절하게!

"그냥 오는 대로 받아들여.
버티고 서서
오는 대로 받아들여라.
다른 방법이 없어."

그.러.나!
〈에브리맨〉의 삶이 과연 ,
　　슬픔과 쓸쓸함만이 가득 찬 삶이었을까?...

용서받지 못할 책

1. 개념 없는 분권

600페이지 될까 말까 한 책을 부득불 갈라서 분권하는 것에 분노합니다. 차라리 손에 묵직하게 잡히는 단권이 좋다고요!

2. 넌 어느 쪽 그림 설명이니?

이미지와 설명이 따로 놀아 연결이 안 될 때가 있어요. 그럴 때면 독서 흐름에 상당한 장해를 받는답니다.

3. 넌 미주일 수밖에 없었던 거니?

31페이지의 주석을 보기 위해 916페이지를 넘겨야 하는 일은 쉽지 않았어요. 결국, 보충설명 부분은 과감히 포기해버렸어요.

4. 표지, 너 습자지로 만들었지?

읽을 때마다 표지가 줄줄 흘러내리는 걸 매번 끌어올려야 하는 노력을 하고 있어요. 그럼 표지를 벗겨 내고 보라고요?

5. 넌 왜 무려 양장이니?

페이지 수 200쪽도 안 되는 얇은 책을 굳이 양장으로 만들 필요가 있었을까요? 앙증맞은 문고본은 정녕 만들 수 없었던 건가요? 무조건 양장이라고 다 좋은 것도 아닌데 말입니다.

6. 넌 왜 두꺼운 양장이면서 책갈피 끈도 없니?

근래에 읽은 만화책 때문에 진지하게 생각하게 되었는데, 두꺼운 만화책에 페이지 수도 없고, 세상에 책갈피 끈이 없는 거예요. 만화책이라도 속독이 불가능한 저는 당황스러웠어요.

7. 광활한 여백의 미

책의 성격상 여백의 미가 돋보이는 책도 있지만, 지나친 여백으로 페이지 수만 잡아먹는 책은 용서할 수 없어요!

누군가를 진심으로 애도한 적이 있던가?

덴도 아라타, 〈애도하는 사람〉

1월의 어느 날 서점 안을 어슬렁거리며
수북이 쌓여 있던 책 중에서 다섯 번째 책을
꺼내 들고 조용히 계산대에서 계산을 마치고
가까운 카페에서 왠지 경건해지는
마음으로 책을 펴들었다.

※표지 그림: Egon Schiele
〈Die Wahrheit wurde enthüllt〉

Egon Schiele 라면 사족을 못 쓰지만
이 책을 읽어야 하나? 라고 망설였다.
작가가 무려, 덴도 아라타

톱으로 썰어대고 가위로 자르는(!) 피투성이
도입부에서 좌절하고 옆으로 미루어두었던 〈가족사냥〉
덕분에 오랜 세월 동안 덴도 아라타는 내게
무시무시하게 살 떨리는 작가 중 한 명이 되었다.
이런 사연의 작가이다 보니 〈애도하는 사람〉을
읽기엔 나름의 각오가 필요했지만,
작가의 한 마디가 책을 읽는 데 힘을 실어주었다.

"제가 칠 년에 걸쳐 쓴 이 작품은
지금 이 세상에 꼭 있었으면 하는
사람에 대한 이야기입니다."

대체, 이 지독할 것만 같은 작가는
어떤 사람에 대한 이야기를 하고 싶었을까?

어느 날 신문기자인 마키노 고타로의 눈에 띈
애도하는 청년 시즈토.

"애도하고, 있었습니다.
……
당신은 그녀를 아십니까?
……
그렇다면 그녀에 대한
이야기를 좀 해주지 않겠습니까?"

누구를 애도하는 거지?
그들을 알고 있었나?
시즈토는 **왜?**
'애도하는 사람' 이 되었지?

느릿한 발걸음의 시즈토를 따라가는 애도의 길을
나는... 이해하지 못했다. 그가 왜 그토록 애도에
집착하는지, 타인의 냉혹한 시선도 마다하지 않고
애도할 수밖에 없는 이유는 무엇인지)...
어느 것 하나도 이해할 수 없었다.
가족까지 팽개치며 애도의 길을 가는 시즈토에게
나는 시종 회의적이었다.
아니, 마키노와 같은 시선으로
바라보고 있었다.

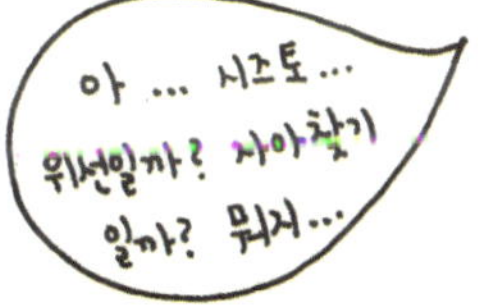

타인이 타인에게 그 어떤 이유도 없이
애도를 한다는 것이 가능할까?

하지만 시즈토의 애도는 순간적인 것이 아니었고
잊지 않고 기억하기 위해 애도한다는 것이다.

자신이 알고 있는 모든 죽음을
잊지 않고 기억한다면
'자신마저 다 타버리고 말'
것이 분명하지만 시즈토는
"이건 보통 일이 아냐……
특별한 일이야, 기적이야"
라고 하는군요, 겁먹은 얼굴로…

나는 또 헷갈리기 시작했다.
기억과도 같은 일을 한다는 시즈토가 겁먹은 얼굴이라니!
시즈토가 가는 애도의 끝에는 무엇이 기다리고 있을까……

"여기에 넣어둘 거야… 잊지 않도록
……
내 안에 넣어둘 거야."

이 책을 읽던 중 심신이 피폐해져져 버려
끝까지 읽어낼 수 있을까… 의심도 했지만
웬걸!
시즈토의 어머니인 준코의 투병기에서
내 첫 번째 눈물은 터져버렸다.

"그때까지 살 수 있을까…
아가, 내 손자가 세상에 나올 때까지.
시즈토가 집에 돌아올 때까지…."

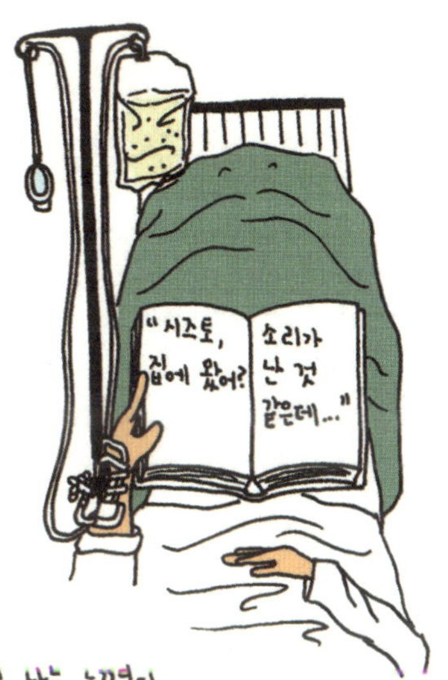

그리고 나는 느꼈다.

이 책을 덮을 때쯤이면 통곡할 것이라는 걸.
〈애도하는 사람〉 시즈토를 이해할 수는 없지만
어쩔 수 없는 그의 선택에 가슴 깊이 공감하리라는 것을.
나는... 어렴풋이 책장을 넘기며 〈애도하는 사람〉과
같은 길을 조용히 걸었다는 것을.
그것이 고작 방관자의 시선에 지나지 않더라도
〈애도하는 사람〉과 같이 있었다고.
마지막 순간까지도 흐르는 눈물은 멈추지 않을 것이라고.
속삭여주고 있었다, 〈애도하는 사람〉은...

북적거리는 인파 속을 걸으며
'나는 누군가를 진심으로 애도한 적이 있던가?'
이 질문을 떠올리며 잠시 그 자리에 멈춰 서서
지나가는 사람들에게로 시선을 고정해본다.
그 인파 속 어딘가에 〈애도하는 사람〉이
있기라도 한 것처럼...

"누구에게 사랑받고, 또 누구를 사랑했는지,
어떤 일로 누가 그분에게 감사를 표했는지 아십니까?"

chapter 3

미스터리와 판타지와
호러가 뒤섞인 그곳

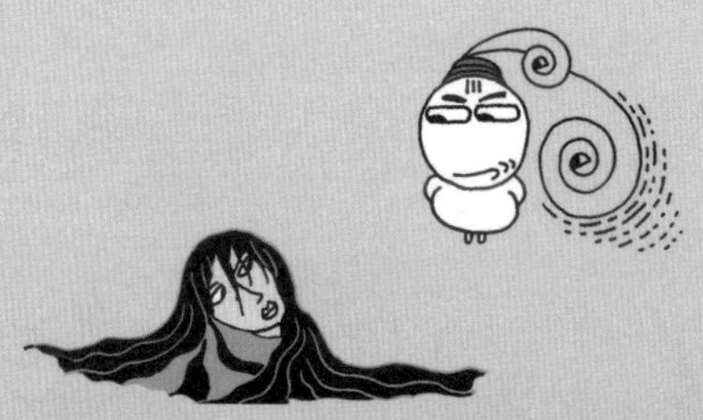

범인보다 더 궁금한 건 생존자 1명
우타노 쇼고, 〈그리고 명탐정이 태어났다〉

이런 터질 듯 더운 여름엔 뭐니뭐니해도
간담이 쪼그라드는 공포, 스릴러, 추리소설을 읽게 된다.

심리적으로 서늘해지는 느낌을 즐기게 된다고나 할까?
그날도 무척 더웠고 선풍기의 끓어오르는 열기를
식히기 위해 잠시 꺼둔 채 이 책을 집어 들었다.

BLACK PEN CLUB에서
이3번째로 나왔네?
이 시리즈도 다 모으고 싶어.

작가가 우타노 쇼고?! 와우~
〈벗꽃 지는 계절에 그대를 그리워하네〉의
작가잖아! 생각난다, 생각나.
다 읽고 뒷골 부여잡으며 앞페이지로
후루룩 넘겨봤었는데. ㅋ.ㅋ

이건 사기야!
말도 안 돼!
(이러면서 ㅋㅋ)

네가
당한거야.

〈시체를 사는 남자〉도 나왔던데, 궁금.

음... 그리고 이 익숙한 백감의 표지는
누구? 앗! 박혜림이다!
무척 인상적이었던 〈심장의 시계장치〉의
일러스트레이터 아니신가! 아....에...또...
뭐가 있더라? 〈금요일 밤의 미스터리 클럽〉이
최근에 나왔던데. 그리고
〈책을 처방해드립니다〉 요거요거
팀 버튼의 비틀쥬스 생각나더라. ㅋ.ㅋ

앗! 또또 주절 주절거린다

분량도 비슷한 3편의 단편들로 구성된 추리소설인데
한 편 한 편의 짜임새와 구성이 돋보인다.
기본구조는 일명 '클로즈드 써클', 즉 밀실 공간에서
벌어지는 살인사건이라는 고전적인 추리소설
형식을 띠고 있다 ...... 고 생각했다.

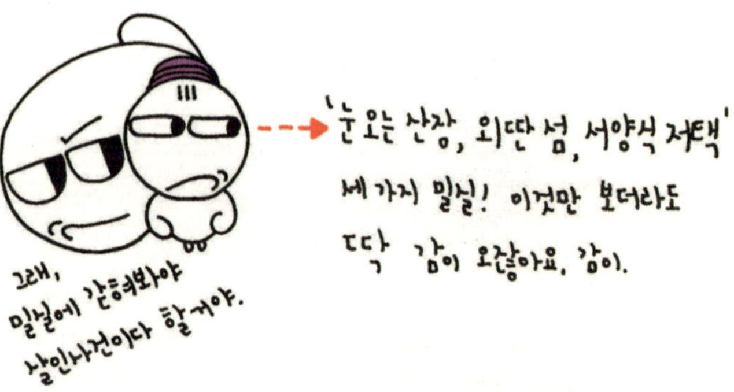

그러나, 뻔하면 우타노 쇼고가 아니지.
그는 나를 실망시키지 않았다. 역시

0. 그리고 <u>명탐정</u>이 태어났다

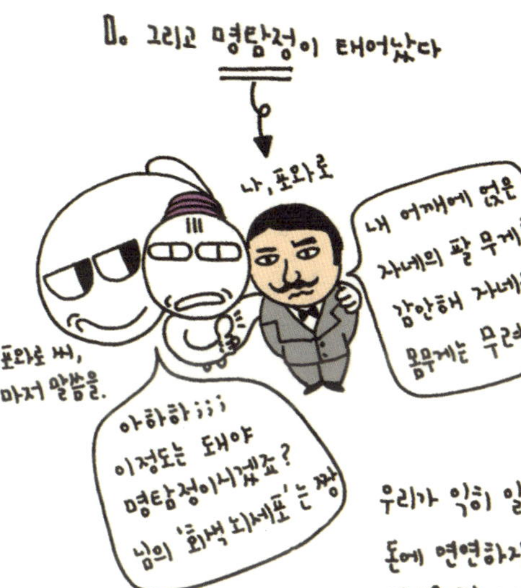

우리가 익히 알고 있는 명탐정은 돈에 연연하지 않으며 오로지 범인을 잡기 위해 명석한 두뇌를 굴리는 정의감에 불타는 나름 의인이며 심지어, 자타가 공인하는 명예까지 거머쥔 능력자인 것이다. 헌데... 현실에선?

아까부터 몇번이나 말했듯이 탐정이란 직업은 범죄사건의 수수께끼 풀이와는 무관합니다. 현실에서는 바람피우는 유부남 뒷조사나 야반도주한 책임자를 추적하는 일이나 하죠. 뭐, 제 경우에는 조금 특수한 케이스라서 경찰을 돕는 경우도 있습니다만, 그래봤자 알아낸 비밀을 슬쩍 찔러주는 수준이죠. 보통 이야기하는 '명탐정'이란 어디까지나 공상 속의 존재입니다. 그렇습니다, 기린이나 용과 마찬가지로 공상 속에나 존재하는 생물이란 말씀이지요.

2. 생존자 1명

외딴 섬에서 발생한 살인사건인데
과연 생존자 1명은 누구란 말인가?

도무지 범인(?)을 가늠할 수 없었던 나는 급기야
쪽지를 날리며 물었고, 우리는...
딜레마에 빠졌다.

이렇게 설레발 치던 우리에게
ㅇㅇ님께서 답을 주셨다.

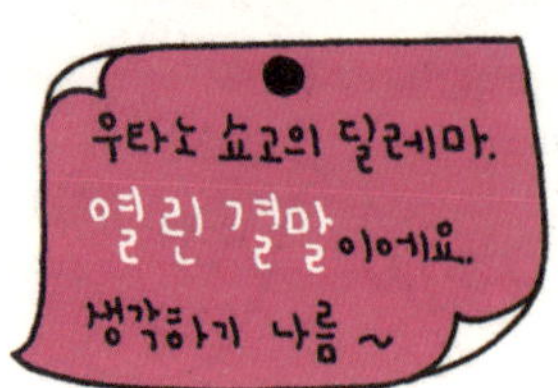

혹, 내가 놓친 단서라도 있는지 다시 읽다가
열린 결말이란 쪽지 보고 급 딜레마에 빠졌다.
그럼, ○○은 누구지?　나는... ○○○ 이라고 봐!

3. 관館이라는 이름의 낙원에서

마지막이 서양식 저택에서 벌어지는 살인인데

이건 대체 뭔가요?

추리소설 읽고 호기심 천국이
된 적은 있어도 이렇게 격하게
감동이 물결치리라고 누가
상상이나 했나.

밀실이라는 정통 추리 기법을 쓰면서
반전에서는 뭔가 살짝 비껴가는
깊은 여운이 있는 〈그리고 명탐정이 태어났다〉
3편에 별점을 준다면 모두 ☆☆☆☆☆ 를
주고 싶다. 열린 결말이야 지금도 찜찜하지만.

PS. 여름이 왔다. 오고야 말았다.
그래서 그득그득 쟁여놨다!
냉동실엔 죠스바, 내 방에는?

교고쿠 나츠히코의
〈철서의 우리〉 무려
上, 中, 下 3권이다.
부담없이 손안에 쏙
들어오는 '손안의 책', 굿~

아참, 그리고 한 권 더!

미국 드라마 '덱스터'는 시즌 4에서
충격적이고도 슬프게 끝나던데
책은...어떨까? 독스도 아직은
살아(!) 있고. (읽고 있는 중~)

이상, 여름나기 준비   ㄲ ㅡ ㅅ ^___^
...은 아니다. 재밌는 책은 늘 넘쳐나기에.

쉿! 섣불리 책장을 열지 마세요!
최제훈, 〈퀴르발 남작의 성〉

쉿! 책장을 열어보세요!

장편을 읽다 보면 그 기나긴 호흡에 숨이 막혀
쉬어가고 싶은 기분이 들 때가 있다. 그럴 때면
호흡은 짧지만 부담 없는 단편에 손이 간다.

역시나 남작의 입소문은 사실이었고
표지의 퀴르발 남작의 매력만큼이나
각 단편 또한 독특하다.
8편이지만 엄밀히 따지면 7편인.

1. 퀴르발 남작의 성

2. 셜록 홈즈의 숨겨진 사건

섣불리 죽였다간 그때처럼 또 난리가 날 거예요.

저걸 어쩌면 좋은가? 그러니 죽이지도 살리지도 못하고 골치야, 골치!

풋!

정나미 떨어지는 홈즈에게 '내가 니 애비다' 라고 말도 못하고 지긋지긋하기만 했을 코넌 도일이라니.

3. 그녀의 매듭

그녀들의 매듭은 어디서부터 꼬인 걸까요?

또 그녀들? 그들의 매듭은 없는 거야?

그때, 나는 어떻게 했을까?

인간은 자신에게 유리하도록 기억을 조작할 수도 있을 거다. 그 기억이 자신에게 불리하다면 더더욱. 그렇다면 그때 나는, 너는 어떻게 했을까?

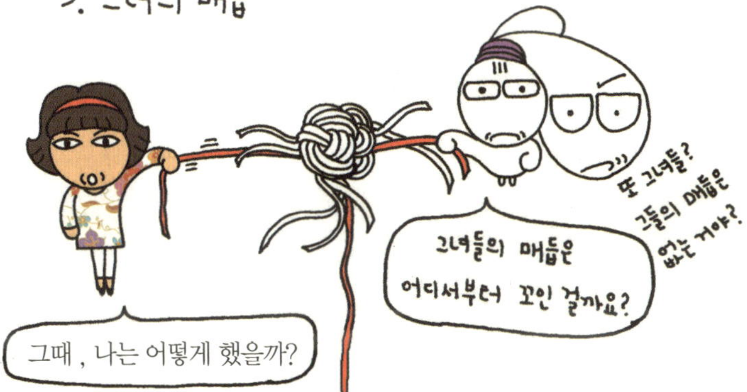

4. 그림자 박제

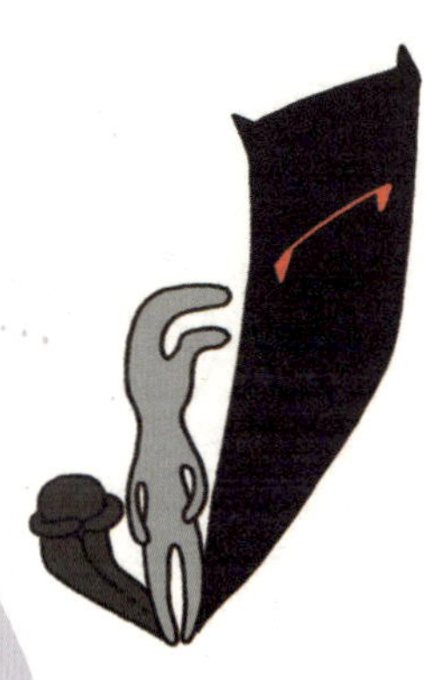

박제가 되어가는 그를 읽노라면 지킬박사와 하이드가 떠오른다.
통제되지 못한 욕망은 그렇게 괴물이 되고...

5. 마녀의 스테레오타입에 대한 고찰

이런 고정된 견해에 '휘뚜루마뚜루' 마구잡이로
마녀에 대해 이야기하는데
낄낄거리지 않을 수 없는 거다.

풋!

6. 마리아, 그런데 말이야

마리아, 그런데 말이야.
능구렁이같이 얘기하고 도마뱀 꼬리 자르고
도망가는 마리아처럼. 그런데 말이야...
마리아는 그 뒤 어떻게 됐을까?

ㄱ. 괴물을 위한 변명

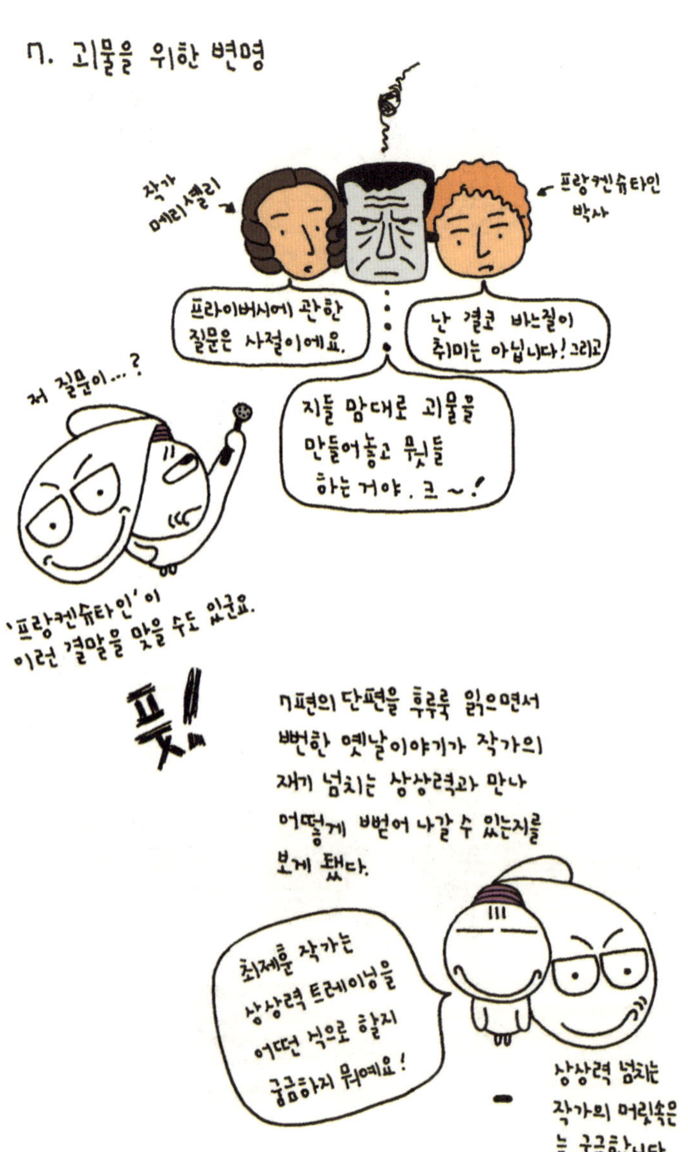

7편의 단편을 후루룩 읽으면서 뻔한 옛날이야기가 작가의 재기 넘치는 상상력과 만나 어떻게 뻗어 나갈 수 있는지를 보게 됐다.

평범한 일상에 지치셨다구요?

그럼 〈퀴른발 남작의 성〉을 열어보세요!

주의 : 이 책의 백미는 8장. 그러나!

머리야, 머리야, 넌 대체 누구니?
미쓰다 신조, 〈잘린 머리처럼 불길한 것〉

잘 만든 책이란 이런 것!

표지의 전체적인 그림이 궁금해서
펼쳐보지 않았겠나!

그ㆍ러ㆍ데! 두둥~

내 오늘 밤, 잘린 머리와 함께 새벽을 달릴 테닷!!! 불길하건 말건.

머리야, 머리야. 넌 대체 누구니?

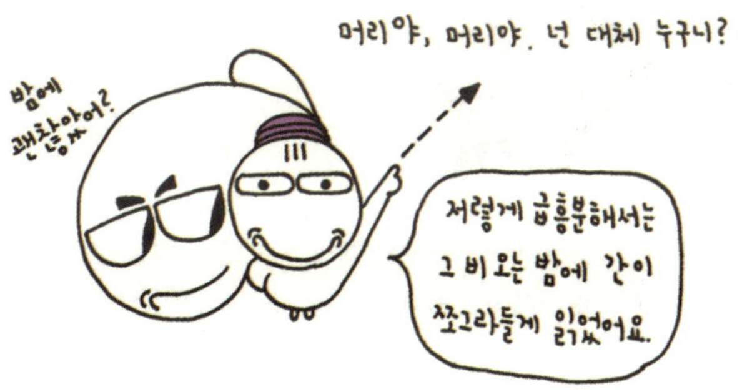

히가미 일족의 후계자를 둘러싼 이치가미 가와
후쿠가미 가, 그리고 미카미 가 사람들이
얽히면서 벌어지는 끔찍한 참극!

이치가미 가에서는 유일한 장남인 후계자 조주로를
지키기 위해 태어나는 순간부터 액막이 주술을 동원해
그를 지켜내기에 급급하다. 그들에게는 예로부터
내려오는 저주가 있었으니 그것은 ……
억울하게(?) 죽은 아오쿠비의 지벌이 '이치가미 가의
후계자, 즉 히가미 일족의 장이 되는 사내아이'에게
내려지기 때문이었다.

* 지벌 : 신이나 부처에게 거슬리는
　　　일을 저질러 당하는 벌

이러던 이치가미 가에서 조주로의 이란성 쌍둥이인
히메코가 우물에 빠진 채 발견되면서 히가미 일족은
지벌이 내려진 것이라며 불길해하는데.

미쓰다 신조는 '본격 미스터리와 민족적 호러를 결합시킨 독특한 작품 세계를 구축'하고 있다는데 아니나다를까 작품 곳곳에서 쿠비나시나 지벌을 내리는 아오쿠비님이나 십삼야 참배나 히가미 일족의 미묘한 갈등관계나

뼛속까지 깊은 남존여비 등등등...

아이스커피의 얼음 녹아내리는 소리까지
실감 나게 괴이스러웠다.
대체 어디를 읽었냐구?

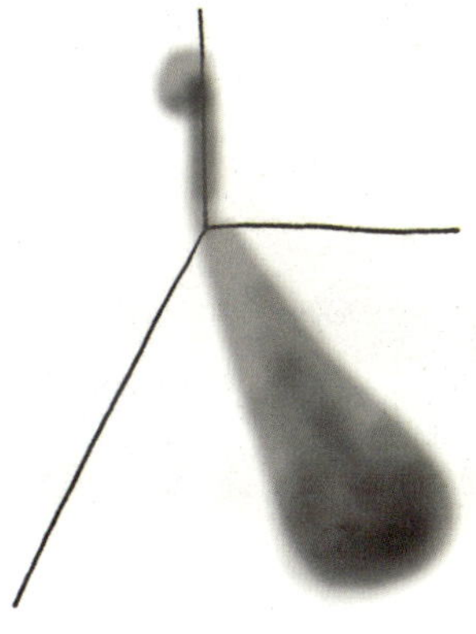

"너희 아버지가 돌아오셨다…."

"안 보이니?
보렴, 저기
아버지가 계시잖니.
머리가 없는 아버지가…."

"잘린 머리여,
누구로부터 떨어져 나온 것인가.
대답하라, 그렇지 않으면
영원토록 이 바닥을 구를 테니."

대체, 이 머리들의 주인은 누구란 말인가?

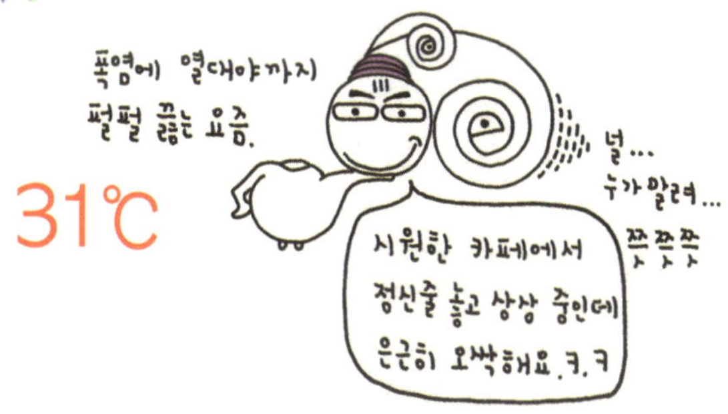

PS. 무척 똑똑한 접이식 표지(내맘대로 작명)는 수작업이므로 초판본에 한해서라고.

내 아이라면
히가시노 게이고, 〈방황하는 칼날〉
미야베 미유키, 〈낙원〉

아무런 죄의식 없이 한때의 유희로 10대 소녀들을 강간하는 10대 소년들. 소년들에게 강간은 무용담에 지나지 않으며 또래 집단의 놀이에 불과하다. 상처입은 소녀의 부모와 상처입힌 소년의 부모는 이 엄청난 범죄 앞에 어떻게 대처할 것인가?

'가해자 소년의 부모'들은 한사코
아들의 범죄를 인정하지 못한다.
" 내 아이는 나쁜 친구를 사귀었을 뿐이다.
그뿐이다. 그럴 리 없다. "

어떤 핑계를 대서라도 자신의 아이만은
아닐 거라고, 아니어야 한다고 믿는 게
자식을 향한 부모의 무한 사랑일까?

끝내 만천하에 드러난 범죄를 목도하면서도
아들의 현금카드에 꼬박꼬박 돈을 채워넣는다.
도피자금인줄 알면서도.

반면, 피눈물을 쏟으며 분노에 치를 떠는
'피해자 소녀의 부모'

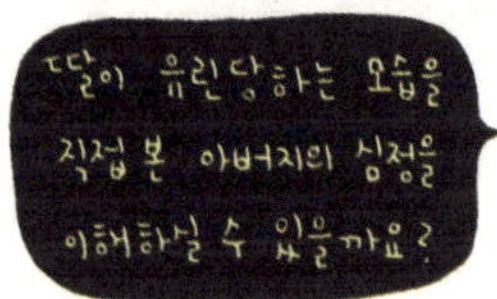

눈에는 눈, 이에는 이라고 했던가.
10대 미성년자임에도 결코
용서할 수 없는 패륜을 일삼는 소년들에게
소녀의 아버지는 총구를 겨눈다.

극단적으로 대립되는 두 부모의 상황에서
누구의 선택이 옳았냐를 판단하기는 어려웠다.

그러던 중 전혀 다른 유형(?)의 부모를 만났다.

< 낙원 >에서

'미야베 미유키' 라는 이름만으로도
덮어놓고 신뢰해버리고 마는 나.
어김없이 작가가 쳐놓은 거미줄에
걸려들고 말았다. 당연하잖아!

특유의 거미줄처럼 얽혀 있는 인간관계.

그 살얼음과도 같은 관계를 불안해하며
읽어내려 간다. 결코 해피)엔딩을
기대할 수 없는 결말이 기다리고 있으리란 걸
어느 순간 깨달으면서.

< 낙원 > 에서 부모는 평소에 문제가
많았던 10대 딸을 살해하고 무려
16년 동안 집 아래 묻어둔다.
더 큰 불행을 막기 위해
' 10대 딸을 살해하는 부모'

떡잎이 썩었다면 잘라내야 할까?
어떤 열매가 열릴지 알지 못하는데.

내 눈앞에 싱싱한 사과가 있다.
그러나 싱그러움과 극명한 대비라도
이루듯 썩은 부분은 두드러져 보인다.

싱싱한 사과의 썩은 부분을,
세상의 악으로 자랄 것이 분명한,
자신의 패륜에 반성할 가능성이
단 1%도 없는 10대 미성년자들.
그들을 단칼에 잘라버려야 하나?

〈낙원〉의 아카네를 잘라내지 않았다면 소녀는
〈방황하는 칼날〉의 쫓기는 가이지의 처지가 되었을까?
그것은 누구도 알지 못한다.

가이지와 아카네가 '내 아이라면'
우리는 어떤 선택을 하게 될까?

미야베 미유키는 아카네 부분을 쓸 때면
늘 무척 슬펐다고 한다.

아카네라는, 가이지라는 사람도 처음부터
썩어 있지는 않았을 것이다.

어느 사과보다 싱싱하게
보석처럼 빛나던 때가
있었을 것이다.

꽃이 되고
나무가 되고
열매가 될 아이들.

내 아이라면 어떻게 할 것인가…

나 들어가도 될까?
들어오라고 말해줘
욘 아이비데 린드크비스트, 〈렛미인〉

원작이 있는지도 몰랐어요. 영화를 먼저 접해서겠죠?
원작도 무척 똑똑할 것 같았어요.
바로 이 책, 렛 미 인

들어가도... 될까요?
이 책 전에 읽었던 뱀파이어 소설이 〈스트레인〉이어서 그랬는지는 몰라도 그다지 소설적인 매력은 못 느꼈어요. 영화에 먼저 꽂히다 보니 소설에도 은근히 둔하고 말았다고나 할까요?
이것이, 읽기도 전에. 편견은 언제 버릴래?

도대체 어디서부터 이야기를 해야 하는지,
뱀파이어 소설이라면서 자전적인 소설이라고도 하며,
심지어 사랑이야기라 말하는 〈렛미인〉
내게 〈렛미인〉의 첫인상은... 차가움이었다.
책의 표지에서 느껴지는 소녀의 실루엣에선
금방이라도 소녀의 입김이 하얗게 서리가 끼게 할 만큼
차갑게 느껴졌다.

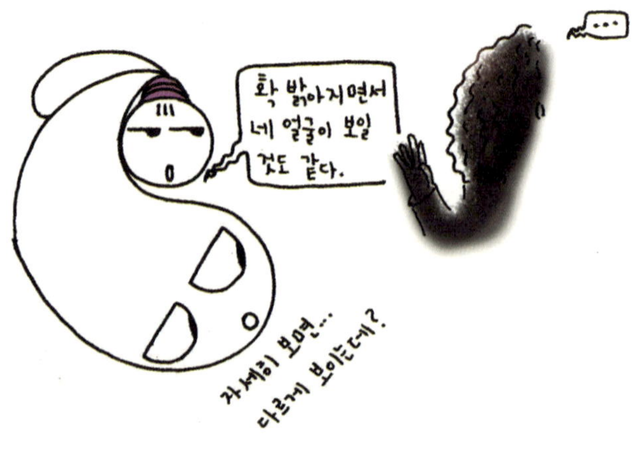

꽁꽁 얼어붙은 10월의 블라케베리.
'그들이 이사 오는 걸 본 사람은 아무도 없었다.'
그 어떤 누구의 눈에도 띄지 않고 그들은
블라케베리로 숨어들었고 그 모든 일이 시작된다.
10월에 내리는 차가운 눈처럼 소리 없이.

“안녕.”   …

“안녕이라고 했는데.”   “들었어.”

“왜 대답 안 해?”   …

처음 본 순간부터
엘리는 직감했던 거죠.
12살의 외톨이 소년 오스카르는
자신과 닮았음을.

그리고 그 둘은 서서히 가까워진다.
쌓이는 눈처럼.

"그게 뭐야?"

"이거?"

"응"

"루빅스 큐브야."

"그게 뭔데?"

"장난감."

12살의 소년, 소녀로 서로에게 관심을
보이는 그들은 곧 서로에게 특하게
될 것이라는 걸 알게 된다.

가까워지는 그 둘을 보면서도 어쩔 수 없는
엘리의 조력자이며 그녀를 사랑하는 광기의 호칸

✼작가 욘 A. 린드크비스트

소아성애자이며 그럼에도... '날 용서해다오'
라며 이중적인 모습을 보이다가도,
엘리의 사랑을 얻기 위해선 목도 다 버릴 수 있는
극한의 모습을 보여주는 광기의 호칸이야말로
그 어떤 구원도 받지 못하는 인물이다.

호칸에게마저 연민을 느끼게 하는 〈렛미인〉은
어떤 인물이 선하고 악한가에 대한 분명한
경계가 없이 모호할 뿐이다.
증오의 대상인 친구들을 상상으로 죽이는 '오스카르'나
호칸의 사랑을 이용(?)해 피를 얻는 '엘리'나
살기 위해 저지르는 일일 뿐이다.

"그 말은 예수님이 십자가에 매달렸을 때
마지막으로 하신 말씀이야.
나의 하느님,
나의 하느님,
어찌하여 나를 버리시나이까?
엘리 엘리 라마 사박타니?"

PS. <u>엔딩</u>에 관하여
굳이 따지자면

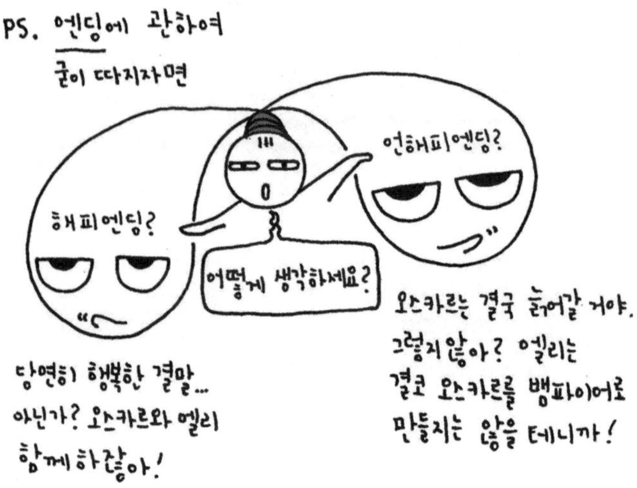

※ 여전히 그 어떤 선택도 할 수 없다.

 # 도서관 책은 먼저 집는 게 임자

1. 도서관 사이트에 접속하기

반드시, 수시로 도서관 사이트에 접속해본다.
신간자료 검색은 도서관 가기 전 필수랍니다.

2. 신간 등록일 체크하기

어느 정도 사이트에 접속하다 보면 신간 등
록일도 대충 알 수 있다… 라고 생각했거든
요. 근데 어느 순간부터 짐작도 안 되는 날짜
에 신간이 올라오더라고요!

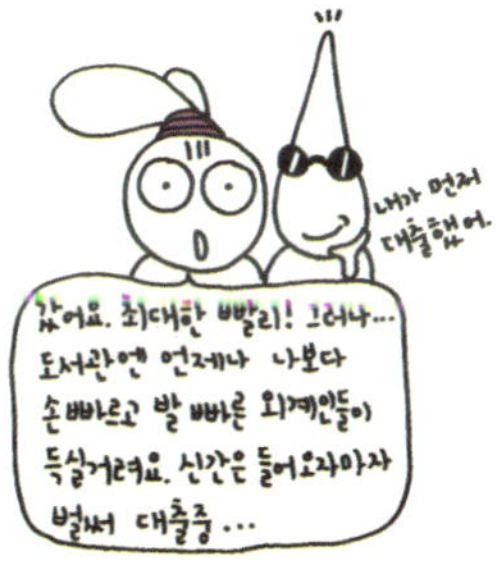

3. 도서관 수시로 가기

신간이 우르르 등록됐다면 갈 수 있는 한 가
장 빠른 시일 내에 도서관에 가야 합니다.

4. 무조건 집어들기

이 중 가장 핵심 노하우! 끌리는 신간은 발견 즉시 집어들어야 합니다!

이 소년의 연애 뭔가 수상하다
마키 사쓰지, 〈완전연애〉

완전 完全
: 필요한 것이
  모두 갖추어져
  모자람이나
  흠이 없음.

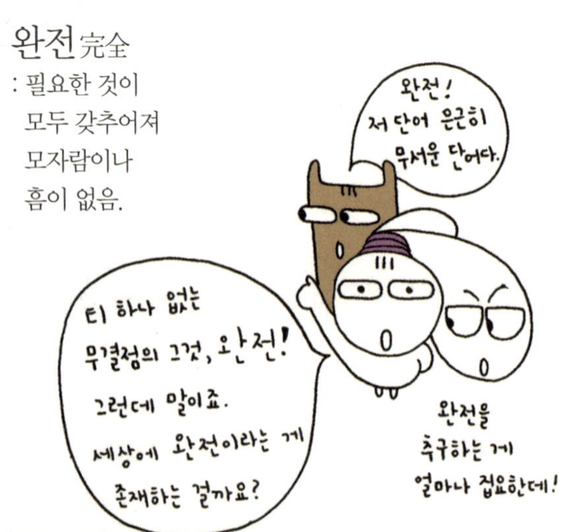

연애 戀愛
: 남녀가 서로
  애틋하게
  그리워하고
  사랑함.

우리는 한 사람을 만나 치열하게 연애하다가도
하루아침에 이별하기도 한다.
연애에 완성형이란 없다는 듯이.

<완전연애>

이 소년,
어느 날 갑자기
사랑을 시작했다.
벼락과도 같이…

활짝 핀 수국처럼 소년 기와무의
감정도 주체할 수 없이 부풀어오른다.
그렇게 한 여인만을 생각하며
평생을 바치는 순애보적(?!) 미스터리 소설

그런데
이 소년의 연애가
뭔가 수상하다.
무릇 연애라 함은

완전 연애가 아닌 완전 짝사랑에
빠진 소년 기와무의 연애는 이렇게
혼자만의 완전 착각 속에서 시작된다.

"나는 힘을 원한다."

…

"힘이든 돈이든 권력이든 뭐든 상관없다.
기와무는 사랑하는 이를 구하고 싶었다."

그 긴 세월 동안 오로지 한 여인만을
바라본 기와무는 대체 어떤 걸
놓쳐버린 걸까? 아니, 잃어버린 걸까?
이런 사실을 기와무는 알고나 있을까?

인생에서 단 한 사람만을 바라본
기와무에게 〈각별한 마음〉을 담아
상뻬옹의 한 마디를 전하고 싶구나…

"단 한 사람만
그리워하는 당신
그러면 모두
떠나버립니다.
와우!"

* 결점투성이 인간들을 향한 따뜻한 연민을
담은 장 자끄 상뻬의 에세이집.

딱 한 번이야, 딱 한 번!
누쿠이 도쿠로, 〈난반사〉

어느 날 건널목에서

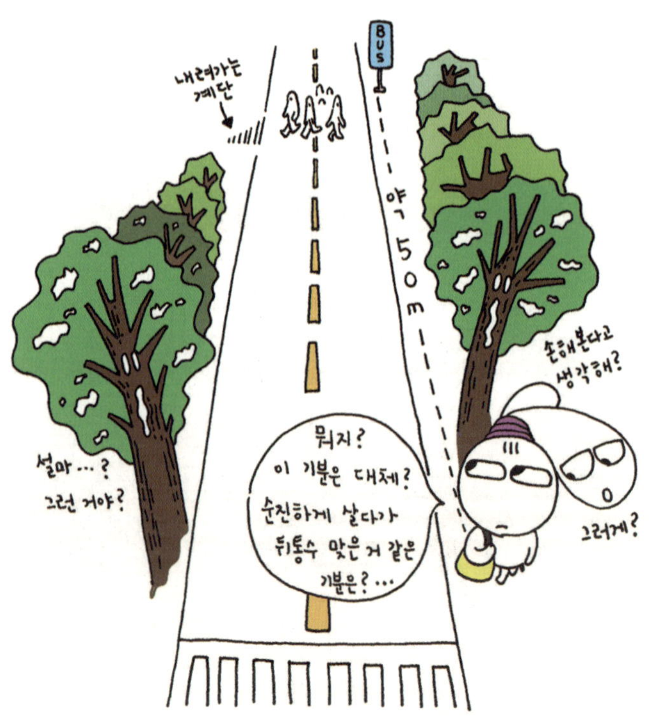

한산한 도로에서 굳이 50m쯤 걸어와
신호등을 지키며 길을 건너는 것이
그날 따라 유난히 짜증이 났다.
내가, 융통성이 없는 것인가?

기본을 지키며 살고 싶다가도
신호등이 바뀌기를 기다리는 그 시간에
사람들은 벌써 계단을 내려가고 있다.
그 시간만큼 나는 손해를 본 것일까?

소신이나 기본을 지키는 것은 어쩌면
생각보다 어려운 일일지도 모른다.
비오는 날 빗물 닦은 휴지를 챙긴다거나,

한산한 건널목에서 혼자
신호등을 지키며 서 있다거나,

하다못해 공공장소에서 한줄서기마저
반드시 지키기에는, 사소한 일들은 간단히
무시하기 일쑤이다. 이 편리한 변명 앞에서.

그러나 결과마저
사소하지는 않다.
이 책을 읽는다면!

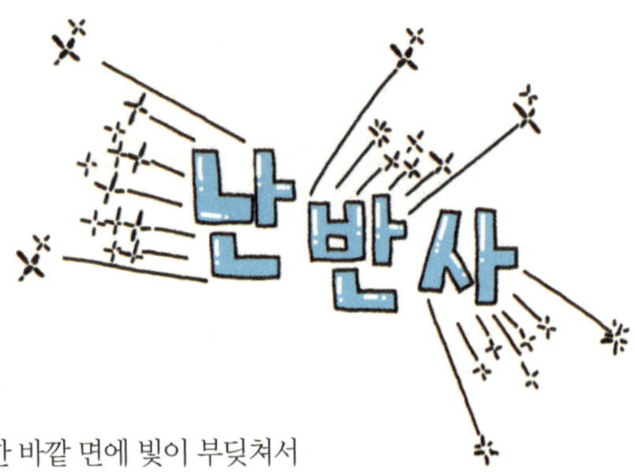

난반사 :
울퉁불퉁한 바깥 면에 빛이 부딪쳐서
사방팔방으로 흩어지는 현상.
서로 다른 위치에 있는 사람들이
여러 가지 물체를 동시에
볼 수 있는 것은 이 때문이다.

악몽 같은 그날의 시작은
'아주 작은 규칙 위반'에
지나지 않았다.

아주 작고 사소한.

'사소한 일로
운명이 좌우된다면'
당신은 어떤 선택을 할 것인가?

그들도 이 모든 일들이 한 아이의 죽음과
연결될 줄은 꿈에도 알지 못했다.
그저 평소와 다름없이 '별 탈 없이'
일상을 살았을 뿐이다. 그럼에도…

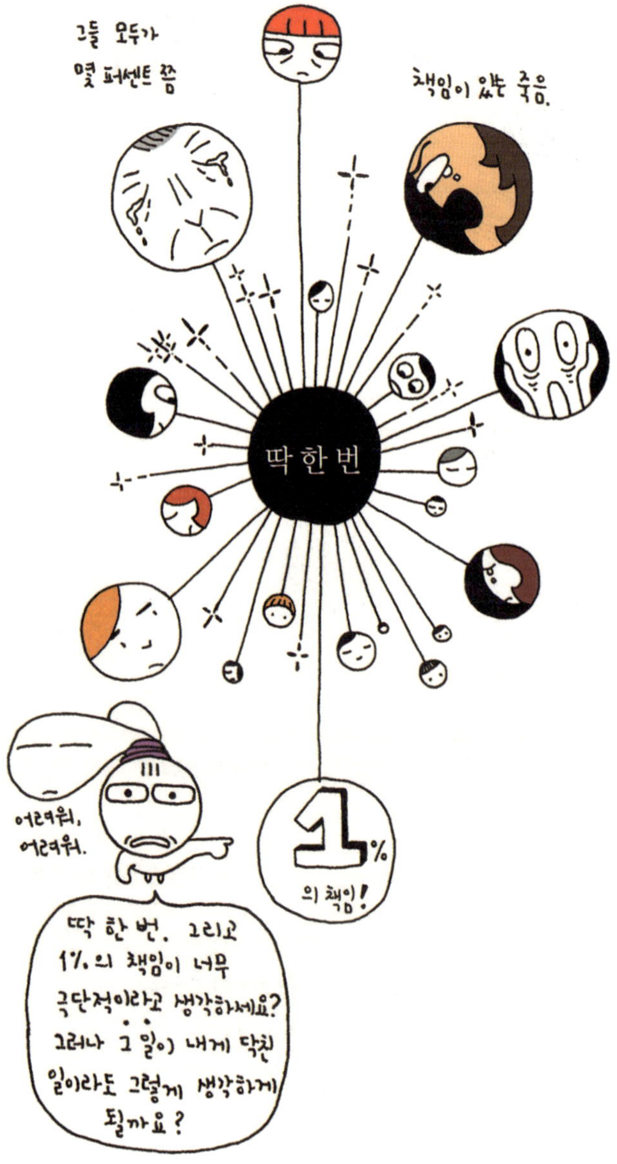

사소한, 아주 사소한 규칙 위반은
한 아이의 죽음이라는 비극을 몰고 온다.
그들 모두가
몇 퍼센트 쯤
책임이 있는 죽음.
딱 한 번
어려워,
어려워.
1%
의 책임!
딱 한 번. 그리고
1%의 책임이 너무
극단적이라고 생각하세요?
그러나 그 일이 내게 닥친
일이라도 그렇게 생각하게
될까요?

그러나 결국
아무도 책임지지 않는
그런 죽음.

비극적인 사건을 현미경으로 들여다보듯
자세히 묘사한 누쿠이 도쿠로의 소설은
17의 혐의가 있는 범인들(!)이
밝혀졌음에도 무척이나 뒤가 켕긴다.

마치, 짐 많이 들고 있던 그날
'이번만 그냥 건너자. 이번만'
이라며 무단횡단하던 내 모습이
비치는 것 같다.

나는 아직도 혼란스럽다.
어떻게 살아가야 하는 걸까?

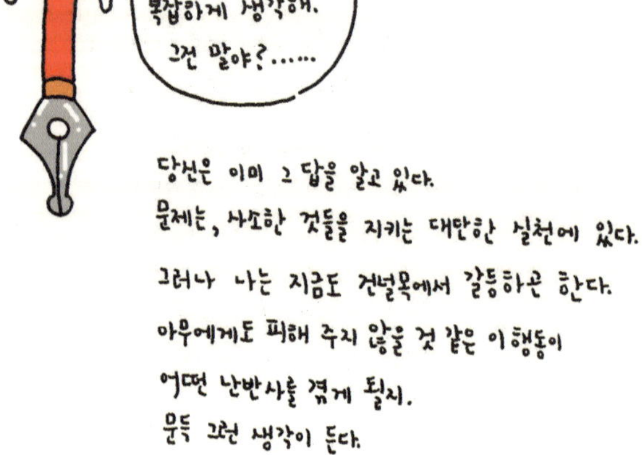

당신은 이미 그 답을 알고 있다.
문제는, 사소한 것들을 지키는 대단한 실천에 있다.
그러나 나는 지금도 건널목에서 갈등하곤 한다.
아무에게도 피해 주지 않을 것 같은 이 행동이
어떤 난반사를 겪게 될지.
문득 그런 생각이 든다.

chapter 4

이 소설이 나를 선택하다

암컷 사마귀를 닮은
나쁜 소녀의 사랑

마리오 바르가스 요사, 〈나쁜 소녀의 짓궂음〉

마침표가 수없이 찍혔음에도 마치 마침표가 없는,
쉼표조차도 없이 단숨에 훅! 하고 읽었다고 해야겠다.

요사스러운 글발에 빨려 들어가지만
"실험적 기법이 없기 때문에 몇몇
비평가는 섣부르게 이 작품을 시간을
죽이기 위한 '가벼운 소설'로 보기도 한다"
는데,

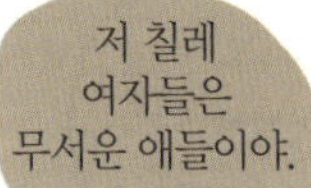

요사스럽지만 요사스럽지 않은
'요사스런 소설 〈나쁜 소녀의 짓궂음〉

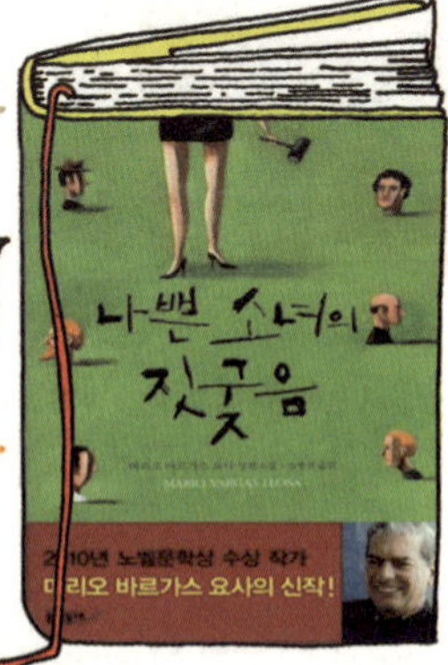

저 칠레 여자들은 무서운 애들이야.
너무 계산적이고, 너무 위선적이고, 너무 인간적이었소.
그 매정한 년에 관해선 아무것도 알고 싶지 않소. 그년은 정말 매정해.
나쁜 소녀의 짓궂음
마리오 바르가스 요사 장편소설 · 송병선 옮김
MARIO VARGAS LLOSA
2010년 노벨문학상 수상 작가 마리오 바르가스 요사의 신작!
그년이 원한 건 결국!
. . .
넌 내 인생을 불행하게 만드는 주범이야.

넌 또 왜 거기 있어?
오오!! '나쁜 소녀' 너 짬 제대로 나쁜데
행복, 난 그게 뭔지도 모르고 신경도 쓰지 않아, 리카르도. 내가 확신하는 건 행복은 네 생각처럼 낭만적인 것도 몽환적인 것도 아니라는 사실이야. 돈만이 안정을 주고 지켜주고 내일을 걱정하지 않은 채 인생을 완벽하게 즐길 수 있게 해줘. 그게 바로 직접 만져보고 느낄 수 있는 유일한 행복이야.

'나쁜 소녀'를 알면 너도 이해하게 될걸!

그리고 '나쁜 소녀'는 자신의 유일한 행복을 좇아
칠레 여자아이였다, 게릴라였다, 아르누 부인이었다,
리처드슨 부인이 되었다, 야쿠자의 애인 구리코가
되기도 한다. 한 치의 망설임도 없이.

'착한 소년' 리카르도의 삶은 순간순간
모습을 드러내는 '나쁜 소녀'에 의해
좌우된다. '나쁜 소녀'를 기다리기 위한
삶이기라도 한 것처럼.

이런 게 과연 사랑일까 싶게 리카르도의
일방적인 짝사랑은 40년간 이어지고,
'나쁜 소녀'의 거침없는 욕망은 40년의
지고지순에도 사그라지지 않는데.

지치지도 않고 끊임없이 구애하는 리카르도를
안타까워하며, 지독하게 이기적이었던
'나쁜 소녀'를 복잡한 심정으로 바라보며
마지막 책 장을 덮었다.
결코 완성형이 되지 못한 그들은... 불행했을까?

"너는 내 사마귀야. 몰랐어?
사랑을 나누는 동안 수컷을 먹어치우는
암컷 사마귀라구.
분명히 수컷은 행복하게 죽어.
내가 바로 그 수컷이야."

PS. 강추위가 몰아치던 주말, 카페에서
    '나쁜 소녀'를 다시 훑어보다가 이거야!
    하는 문장을 발견했다.
    그래, 카페란 이런 거지…

"나는 집 근처의 조그만 카페 바르비에리에서
편집자 마리오 무츠니크가 맡긴 책을 번역했다.
몇 시간 동안 번역을 하거나 책을 읽으며
그 카페에 드나드는 손님을 지켜보았다.
그 일은 결코 지루하지 않았다.
손님들이 오래된 마드리드의 중심부에
생긴 지 얼마 안 된 노아의 방주 같은
이 카페가 얼마나 다양한 색깔을 지녔는지
구체적으로 보여주었기 때문이다."

슬픔과 아름다움
두려움과 죽음의 이야기
조경란, 〈복어〉

예감은 없었다. 이 책에 꽂히리라는.
말도 많고 탈도 많았던 작가의 장편인지라
약간의 호기심이 발동한 정도랄까?

이렇게 생각하며 이 럭셔리한 소설을
200페이지가 넘게 읽을 때쯤,
인터뷰 기사를 보게 됐다.
(그래요. 저, 인터뷰를 잘 읽지 않아요. ㅡ.ㅡ;;;)

그때부터였던가, 죽음을 향해
돌진하는 그녀도 그런 그녀를 향해
다가가는 남자도 내게 그들의 삶이
보이기 시작한 것은.

총 4장으로 구성된 〈복어〉는 67개의 소제목으로
이루어져 있다. 소제목만으로도 에세이 한 꼭지
정도는 나올 것처럼 근사한데 이 제목들은 본문에서
발췌한 내용이다. 그래서 각 장이 더욱 돋보이는데
작가가 얼마나 치밀하게 작품을 써내려 갔는지
차례만 보더라도 알 수 있다.
(왠지 헤르타 뮐러스럽지 뭔가. 뭐냐구? 보면 안다!)

조각가인 그녀에게는 누구에게도 말하지 못한
그녀만의 집안 내력이 있다. 자살이라는.

그로 인해 그녀는

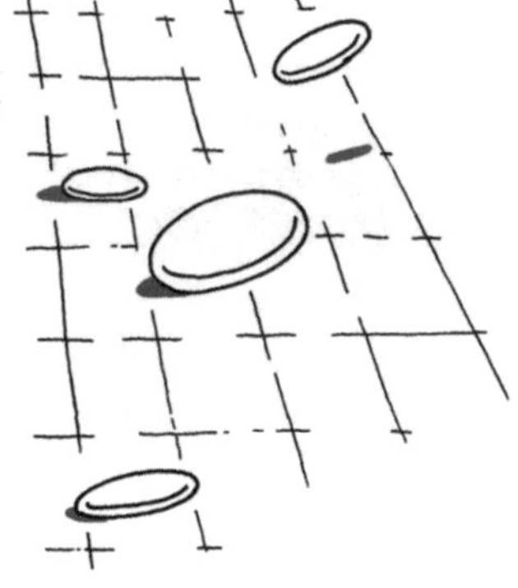

그녀에게 있어 죽음은 삶을 이어가는 또 다른 방식이었고
그녀가 추구하는 예술은 그런 그녀가 내지르는 비명이었다.
예술에 있어 죽음만큼 매혹적인 것은 없으며 심지어
톨스토이조차도 자살의 유혹에 빠지지 않기 위해
사냥도 하지 않았다지 않나. 그러나 그녀의 '소립자'는
그녀에게 끊임없이 자살을 부추긴다. 실행에 옮기라고.
그리고 그녀와 남자는……

"이것 봐. 그렇게 뭔가 대단한 일이 벌어진 것처럼
우울한 얼굴을 하고 있을 필욘 없어. 사랑이란 두 사람이
서로 바둑판을 사이에 두고 앉아 있는 것과 같은 거라네.
바둑판은 실은 정사각형이 아니야. 가로 42.5센티미터고
세로는 그것보다 3센티미터 더 길지. 그러니까 보는 거와 달리
바둑판은 정사각형이 아니라 직사각형인 거야. 왜 그런 줄 아나?
그건 바둑을 두는 상대방과 적당한 거리를 유지하기 위해서지.
심리적 거리랄까. 사랑이라는 건 그 거리를 유지하면서 흰 돌과
검은 돌로 각자 자신의 집을 짓는 거야. 흰 돌과 검은 돌은 결코
섞일 수 없는 거라네. 세상에는 얼마나 변수가 많은가 이해하기
시작하게 되면, 그 정도의 일은 정말 아무것도 아니지."

"그 밤에.
복어의 뼈가 말했어.
온몸으로 밀고 가야만 하는 삶이 있다고.
복어의 눈이 말했어.
소중한 것이 사라지기 전에
똑바로 봐야 할게 있다고."

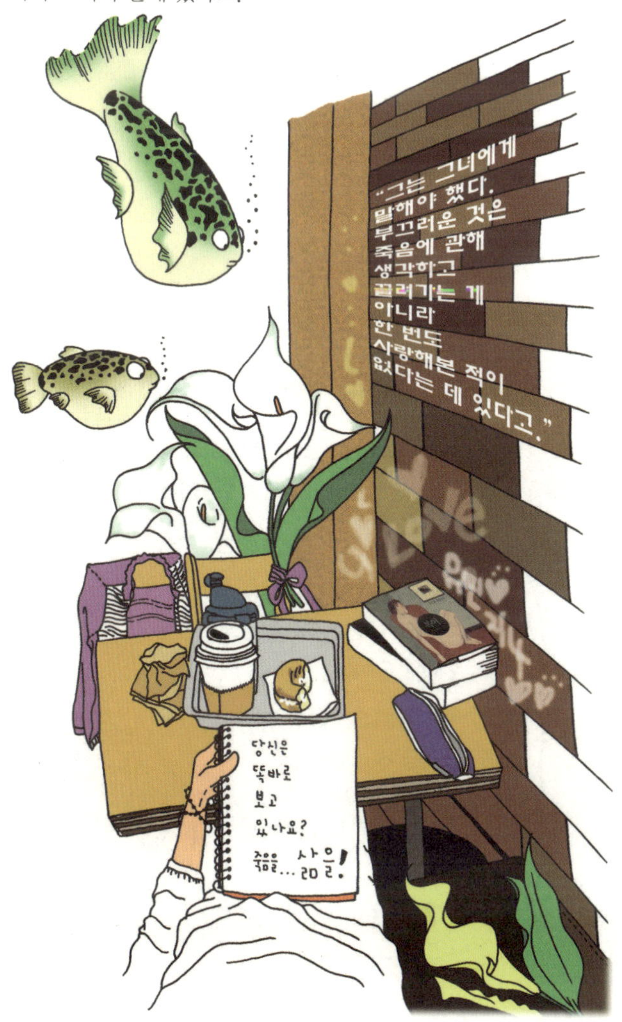

당신의 여든네 살을 상상할 수 있는가?
에밀 아자르, 〈솔로몬 왕의 고뇌〉

가끔 성마른 노인들을 만날 때가 있다.
그것도 원초적인 장소인 목욕탕에서.

누군가는 말한다.
세월이 흐르고 나이가 들면
인생을 이해하게 되고 평화를
얻게 된다고. 그러므로 노년이 그리
황폐하지만은 않다고.
그럼에도 나는 종종 의심스럽다.
단지 세월만 흐른다고 해서
내 안의 모든 것이
세상과 화해하게 될까?

그러다 이 책을 만난 거다.

"어느 순간
이젠 너무 늦었다는 자각,
삶이 결코 우리의 빚을
갚아주지 않으리라는 것을
깨닫는 때가 오는 거야.
그리고
고뇌가
시작되는 거지."

〈솔로몬 왕의 고뇌〉

에밀 아자르 혹은 로맹 가리로
불리던 그가 권총 자살로 생을
마감하기 1년 전에 썼다는
〈솔로몬 왕의 고뇌〉는 〈가면의 생〉이
마지막 작품이 될 거라는 말을
뒤집고 탄생한 작품이다.
대체 그는 무슨 말이
하고 싶었던 것일까?

〈로맹 가리와
진 세버그의
숨 가쁜 사랑〉

택시기사이자 수리공인
스물다섯 살의 장이 멋쟁이
노신사 솔로몬을 승객으로 태우면서
이야기는 시작된다.

솔로몬의 나이는… 여든네 살!

기성복의 왕으로 군림했던 솔로몬은 이제 사회에
환원하려 한다. '우정의 구조회'를 통해
소외받고 외면당하는 이들의 전화를 받으며
그들에게 도움이 되기를 바란다.
장 또한 솔로몬의 솔깃한 제의를 덥석 받아들이며
그들 속으로 들어간다.

기성복의 시대를 버참해하는
솔로몬 왕의 고뇌를 공감 없이(?)
읽어가던 나는 마드무아젤 코라의
등장으로 그들의 고뇌에 대해 조금,
아주 조금 다가가게 된다.

몸은 늙었지만 마음은 언제나
불타고 있는 그들의 고뇌에 대해.
마음은 늙지 않는 마드무아젤 코라의
마음에 대해.

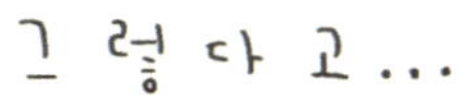

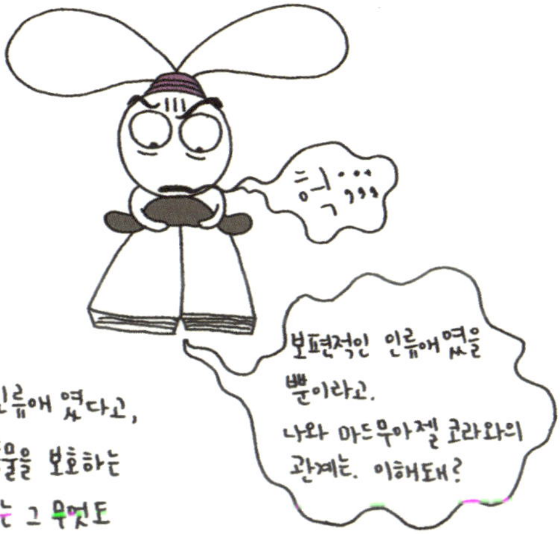

보편적인 인류애 였다고,
멸종 위기 동물을 보호하는
차원을 넘는 그 무엇도
아니었다는 새파랗게 젊은
장의 구원의 손길에 나는
잠시 흔들렸다.

자신이 더 이상 젊은 여자가 아닐 때.
누군가의 시선 밖에 머무는 노인에 불과할 때.
하지만 여전히 누군가에게 마음이 두근거린다면
… 노인은 분노할까, 관조할까.

"바람이 분다!
살아보아야겠다."

"거대한 바람이
내 책을 열고 닫는다."

'젊음은 너무 일찍 왔다 가고' 우리를 기다리는 건
노년과 죽음뿐이다.
이제 우리는 어떻게
해야 하나.

지금 이 순간 나는 결코 〈솔로몬 왕의 고뇌〉를
이해하지 못할 것이다. 마치 닥치지 않은
노년과 죽음을 받아들이지 못하듯이.

몇십 년 후에 〈솔로몬 왕의 고뇌〉가
내 것이 되겠지만, 지금은
'불꽃'처럼 살고 싶다.
그리고 마침내
'빛'이 있는 눈을 가진 노인이 되리라.

PS.

올해의 가장 형이상학적인 책
TOP10에 기필코 올려놓고
싶은 책이다.

예감은 틀리지 않고
혼란만이 있을 뿐이다
줄리언 반스, 〈예감은 틀리지 않는다〉

읽고 있던 책에서 인상 깊은 구절을
표시하는 방법으로 책장의 귀퉁이를
살짝 접거나 포스트잇을 덕지덕지
붙이거나 한다.

무, 나중에 포스트잇이 붙은
페이지를 훑어보며 대체
왜 붙인 거냐며 스스로도 의문에
싸일 때가 있다.

그러다 이 책을 읽게 됐고
올해 들어 가장 많은 포스트잇을 붙이는
나름 영광을 안은 나의— 포스트잇 책!

줄리언 반스의
〈예감은 틀리지 않는다〉

—
'영어권 최고의 문학상
부커상 2011년 수상작!'이라는
화려한 띠지를 두르고
벼락같이 내게 온
올해의 반스 옹은 어떨지
내심 의심스러웠다.

〈사랑, 그리고〉에서도 얘기했지만 주관적으로 뻔뻔한 이야기를 살도 합리화시키는 반느 용에게 돈조의 시선을 보내기도 했다.

기억은 언제나! 늘! 항상! 주관적이라는 대전제 아래.

〈예감은 틀리지 않는다〉도 이런 전제하에 시작한다.

마지막 것은 내 눈으로
본 것은 아니다.
그러나 결국
기억하게 되는 것은,
실제로 본 것과 언제나
똑같지는 않은 법이다.

토니와 베로니카는 평범한 연인이었다.
에이드리언이 나타나기 전까지는.
토니는 쿨한 척 둘의 관계를 인정하지만
에이드리언은 자살을 하고.... 40년 후
토니에게 그날의 진실이 덮쳐온다.

'우리는 시간 속에 살'지만
그 시간이 어떻게 우리를 지배하며
과거와 현재와 미래가 어떤 모습으로
꺾이고 굴절되고 겹치는지 알지 못한다.
반스 옹은 이제 이런 시간의 잔인함에
대해 말한다.

그리고 그 시간 속에 예감이란 없다.

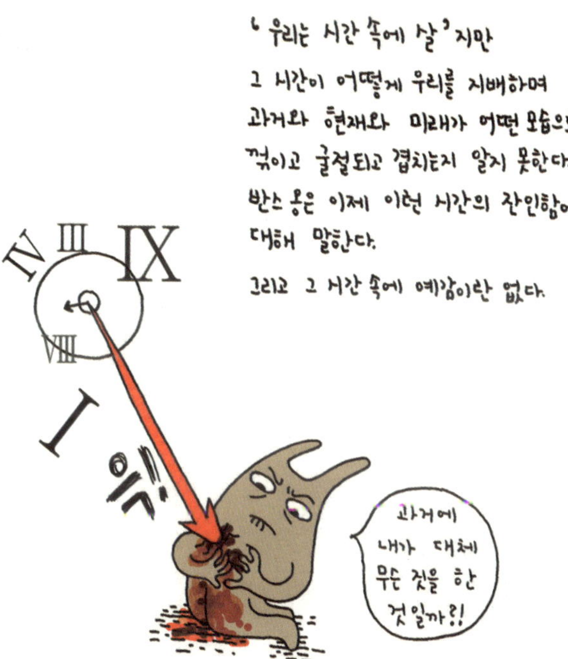

"그러나 그 시간이란…
처음에는 멍석을
깔아줬다가 다음 순간
우리의 무릎을 꺾는다.
자신이 성숙했다고 생각했을 때
우리는 그저 무탈했을 뿐이었다.
자신이 책임감 있다고 느꼈을 때
우리는 다만 비겁했을 뿐이었다."

그러나 '그 시절' 그들은 시간에 대해서
알지도 못했으며 영원히 지금을 살 줄 알았다.
과거의 회환 따위 신경 쓸 필요도 없었다.
그들에겐 '모든 게 명백'했으므로.

"그 시절엔 모든 게
지금보다 명백했다.
돈이 모자랐고,
전자기기는 없었고,
패션의 전제정치는
미약했고,
여자친구는
전무했다."

'모든 날이 일요일'이던 그 시절.

반스 옹은 마치 젊은 날의 어리석음과
그래서 더 치명적이었던 실수에 대해
나쁜여 년이 흘러 비로소 깨닫는다.
그러나 달라지는 것은 없다. 후회만 있을 뿐

'생의 종말' 만이 있을 뿐...

띠지 문구에 커다랗게 박혀 있던 글.
'마지막 페이지를 덮자마자
다시 읽을 수밖에 없는 책!'을 믿지 않았다.
마지막 페이지를 덮기 까지는.
덕지덕지 붙어 있던 포스트잇을 떼어내고
다시 읽기 시작했다.

마치, 청춘의 어느 지점으로 다시 돌아가
시간 속에 묻혀버렸던 그 많은 오해와
실수를 바로 잡기라도 하듯 말이다.

그러나 '그 시절'은 다시 오지 않으며
나는 언제나 과거와 현재의 실수와 오해를
먼 미래에나 알아차릴 것이다.

'거대한 혼란' 속에서

나는 살고 싶다, 인간답게!
무라카미 류, 〈노래하는 고래〉

〈솔로몬 왕의 고뇌〉에서 솔로몬의
나이는 무려 여든네 살에서 여든다섯 살로
접어드는 노년기였고 그는 사회의 부조리에
대한 깊은 통찰로 '우정의 구호회'라는
단체를 만든다. 그리고 그는 다가오는 죽음 따위는
상관하지 않은 채 마치, 젊은이처럼
인생을 휘적휘적 걸어나간다.
그의 노년은 상류층이기에 가능한 일이었고
만약, 그가 이백 년 넘게 살아가게
된다면 그의 단체와 그의 고뇌는 어떻게 될까?

〈 노래하는 고래 〉

Singing Whale

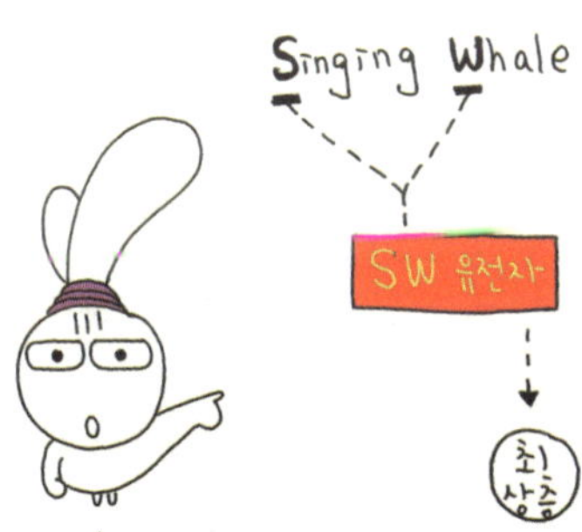

그리고 그곳 '신데지마'에서 계층을 뒤엎을
IC칩을 몸에 지니고 탈출을 감행하는
열다섯 살의 **아 키 라**

'제일 예쁜 것은
   더러운 지역의 불빛'인
   것처럼 아키라는 작품 속에서
   묘한 순수함을 빛낸다.

또 한명, 돌연변이인
쿠치쿠 **사 부 로**

이들이 '신데지마'를
탈출해 노인시설까지
가는 과정은 가히...
충격적이에요.
무라카미 류 옹이
평범한 22세기를
쓸 리 없다고 생각은
했지만...이 정도일 줄은!

22세기의 근 미래 일본의 모습은 인간성은
사라지고 감정이나 사고는 '종합신경안정제'에
의해 조절되며, 심지어 인간의 생각까지도
'메모리악'에 의해 지배당한다.
그리고 무엇보다 존댓말이 사라졌다.

세기말적인 분위기가 압도적인 22세기는
모든 악과 성도착적인 상상으로 가득하다.
아키라가 보고 있는 것, 느끼는 것들이
실제인지 상상인지 가늠하기 어려울 정도다.
근 미래는 어쩌면 그것이 실현되면
안 되는 상상이 생생한 모습으로 체험
가능해짐으로써 불행했는지도 모른다.

"몇백 번이나
상상한 것은
상상을 실행하기
위해서가 아니다.
상상은
자율적인 것이다."

그리고 그 모든 상상이 초)상위층,
불로불사의 SW 유전자를 주입받은
계층에서 일어났다는 것이 가장
심각한 문제가 된다.

그들을 제어할 계층은 어디에도 없기에.

사실 나는 무라카미 류의 취향(?)을
익히 들어 알고는 있었으나 읽어보지는 못했다.
역자인 권남희도 후기에서 이렇게 밝혔다.

떨리는 마음으로 上권을 읽는데
무라카미 류 용이 펼쳐 보이는
근 미래의 추악한 모습을 따라가기에
허덕였다.
그의 글은 분명 SM적이라 대단히
역겹고 불편했던 것이 사실인데
上권의 마지막 즈음에 이런 글이
있었다.

"슬픔이란 단단한 바위에
계속해서 떨어지는 물방울처럼
가슴에 떨어져 틈을 만드는 거야.
그건 고통스럽겠지.
슬픔은 고통스러운 거야."

도중에 덮지 않고 끝까지 읽어내게
하는 건 이런 슬픔 때문일까?

마침내 나도 아키라와 함께 자런으로 접어든다.
이제 무라카미 류 옹은 끝을 달린다.
그것이 무엇이 됐건!
그리고 아키라가 만나고자 하는 노인시설의
요시마쓰를 통해 불로불사가 어떤 식의
결말에 도달할지 이야기한다.

"나는 어느 순간
깨달았다.
지배도
제어도
할 수 없는 것이
세상에 적어도
두 가지가 있다는
사실을
길고 긴 내 인생에서
거듭 확인하고
있을 뿐이라는 걸.

그 두 가지는 바로
돌이킬 수 없는 시간과
영원히 함께할 수 없는 타인이라는 걸."

어쩌면 인류에게 유한한 생명이
주어진 것은 축복일지도 모른다.

그리고 올 것 같지 않던 아키라의 여정의
끝이 왔다. 그것도 우주에서!
나는 대체 어떤 결말을 기대하고
이 엄청난 근미래의 지옥도를 다 본 것일까?
그 해답은 가장 인간적인 아키라에게 있었다.

"중요한 것을 이해했다.
온기도 소리도 냄새도 없는
우주의 어둠 속에서 깨달았다.
살아가는 데 의미를 갖는 것은
타인과의 만남 뿐이다.
그리고 이동하지 않으면 만남은 없다.
이동이 모든 것을 낳는다.

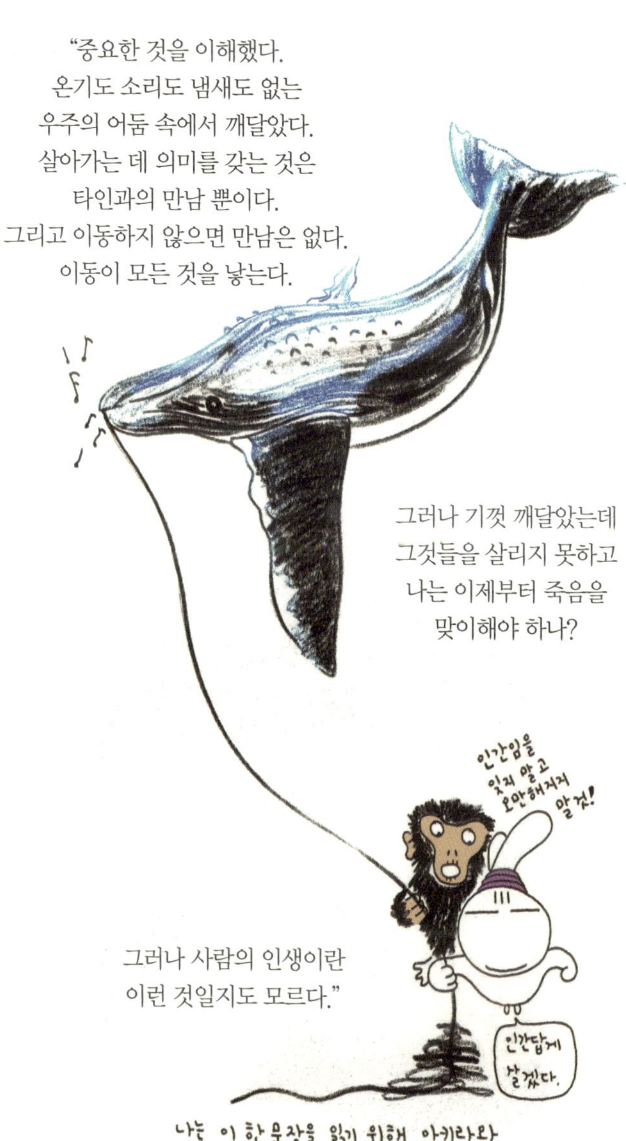

그러나 기껏 깨달았는데
그것들을 살리지 못하고
나는 이제부터 죽음을
맞이해야 하나?

그러나 사람의 인생이란
이런 것일지도 모른다."

나는 이 한 문장을 읽기 위해 아키라와
끝까지 여행을 했던 거 같다.

"나는 살고 싶다."

살아남은 당신은 위대하다
헤르타 뮐러, 〈숨그네〉

어떤 글로 시작해야 할지 한참을 고민한다.
물끄러미 바라본다. 10분째…… 여전히 망설인다.
가라앉는 마음으로 손을 뻗는다. 펼친다.
차례에서마저 단어들이 쏟아진다.
아찔하게,
무참히.

차례를 곱씹으며 드디어 '짐 싸기에 대하여'를
다시 읽기 시작한다. 먹먹해진 가슴으로.

나는 소리 없는 짐을 들고 다닌다.
나는 나를 너무나 깊이
그리고 너무나 오랜 침묵 안에
싸두었던 탓에 어떤 말로도
나라는 짐을 꺼내놓을 수 없었다.
말을 한다는 것은 나를 단지 다른 식으로
포장하는 것에 불과했다.

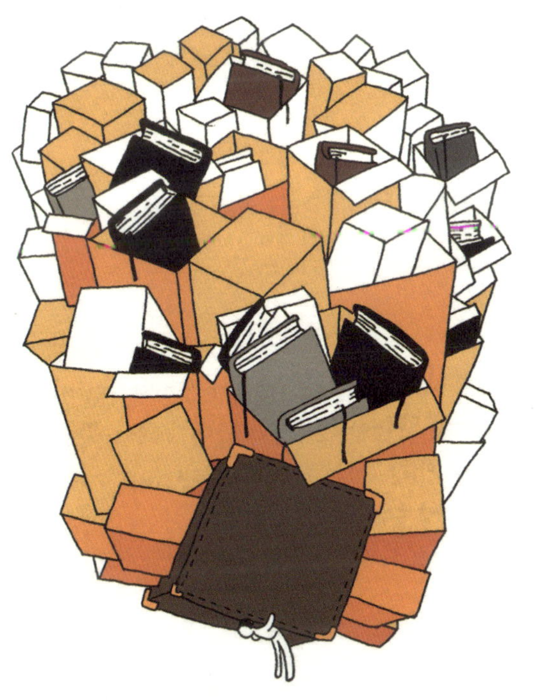

가슴깊이 내려앉는 이 문장을 읽고서야 나는...
내가 느낀 감정이 무엇이었는지 알았고, 그때서야
이 책에 대해 이야기할 수 있을 것 같았다.
내 마음 속 1,000 페이지의 감상 중에서
단 1 페이지 쯤은.

노벨문학상을 수상한 이후 현재까지
그녀의 많은 책들이 번역되어 출간되었다.

헤르타 뮐러의 〈숨그네〉

2009년 노벨문학상을 수상하기 전까지 우리에게
한 편의 단편만으로 알려졌던 헤르타 뮐러.
그녀에 대한 사전 지식이 전무했기에
노벨문학상 수상은 충격이었다.

헤르타 뮐러는 루마니아에서 태어나 독일 소수 민족
가정에서 성장했다. 2차 대전 후 독일이 몰락하며
그녀는 루마니아에서 비극과 공포를 느끼며 유년기를
보내게 되는데 그런 경험은 그녀의 온 일생을
지배하는 거대한 침묵의 비극으로 자리하게 된다.
〈숨그네〉의 레오가 그랬던 것처럼.

'낱말을 모아 콜라주를 했다'는 그녀는
상황이 비극적일수록 신문이나 잡지에서 모아 두는
낱말들은 그녀의 '낱말 상자' 안을 차곡차곡 채워 갔다.

"죽음의 공포가 밀려들 때마다
콜라주하듯 문장을 만들었어요.
낱말놀이를 하며 견뎠죠."

그녀의 낱말 상자에서 선택된 낱말들로
콜라주된 〈숨그네〉를 두 번째 음미하고서야
서서히 전체의 비극을 읽어내려 갈 수 있었다.
레오의 절망과 고통과 공포와 집요하게
따라다니는 배고픔의 천사와 함께 보낸
수용소에서의 5년을 다시 한 번.

'담배 마는 종이가 되어
50장에 소금 1타를 받았고,
170장에 설탕 1되를
얻었'고,

파우스트는 양철 참빗으로
변하는 비참한 현실과
이보다 수만 배는 더 가혹한
미칠 듯한 배고픔이 덮치는
'뼈와 가죽의 시간'과

한 줄 여백에서조차
내가 보이지 않던
절망적인 엽서에서.

시간은 잔인하게 흘러간다.
레오의 5년은 치유될 수 있을까?
'너는 돌아올 거야.' 하지만
잊을 수 있을까, 그 고통을....
그 배고픔을...

그럼에도 불구하고
당신은 살아남았잖아.
당신의 역사와 함께.

건포도

그러든지!

내가 먹을까?

이렇게 〈숨그네〉는 끝났다.
왠지 오늘 허기가 지민다.
헤르타 뮐러라는 작가에 대한 허기!

 # 인상 깊은 구절 어떻게 표시하세요?

1. 연습장 잘라 끼우기

다 읽고 인상 깊은 구절을 적으려고 펴보면 당시의 감정이 아니어서인지 도무지 인상 깊었던 구절을 찾을 수 없을 때도 있다. 또, 여러 장 끼워놓으면 금세 빠져 버리고 만다.

2. 포스트잇 붙이기

색깔별 포스트잇을 붙이는 방법이 있다. 형광색이라 붙여놓으면 잘 보인다. 그러나 접착력이 좋거나 눌어붙었거나, 오래 붙여놓았던 것들은 떼는 순간 글자까지 벗겨져 버린다.

3. 귀퉁이 접기

가장 손쉬운 방법이고 또 가장 널리 쓰이는 방법이 아닐까? 하지만 책에 흠집이 생기는 것을 꺼리는 애서가들이 가장 혐오하는 방법이기도 하다.

4. 손톱으로 눌러 표시하기

이 방법은 아직 시도해보지 않았지만 〈책과 바람난 여자〉의 저자 아니 프랑수아즈는 책을 너무도 아끼고 사랑한 나머지 절대 흠내지 않는 방법으로 택한 것이 손톱으로 누르기다.

5. 각종 필기구 이용하기

이 방법이야말로 책에 영구적으로 치명적인 상처를 남기는 가장 확실한 방법이다. 인상 깊은 구절을 한눈에 볼 수 있는 방법이기도 하다.

맑은 영혼으로 향하고 있다
빅토르 위고, 〈레 미제라블〉

나는 제법 진지하게 빠져들었다.

내가 생각했던, 알고 있다고 믿었던
〈레 미제라블〉은 기껏해야
'장 발장'이라는 거룩한 이름과

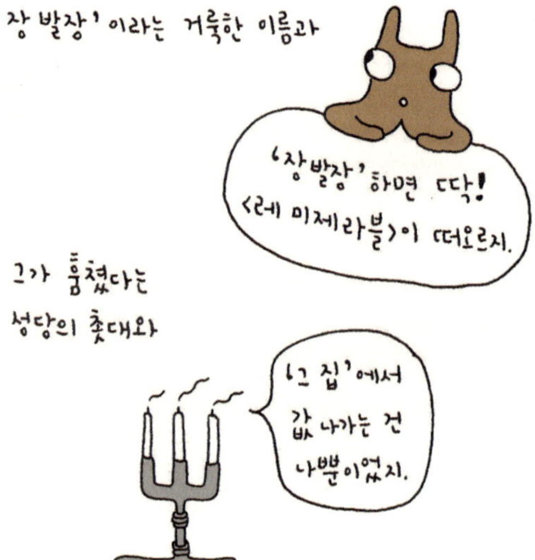

그가 훔쳤다는
성당의 촛대와

'코세트' 라는 이름이 다였다.

그래서 나는 처음부터 '장 발장'의
등장을 눈이 빠져라 찾고 있었지만
그는 한참 후에나 등장한다.

내가 알던
〈레 미제라블〉은
레 미제라블이
아니었던 거다.

처음 등장하는 '올바른 사람 미리엘씨'에
나는 곧 압도당하고 만다. 그리고
빅토르 위고 옹이 무엇을 말하려는지
어렴풋이 알게 되었다.

호화로운 신부는 자가당착이다.
신부는 가난한 사람들 옆에
있어야 한다. 노동의 먼지 같은
저 신성한 빈곤을 다소라도 자신이
갖지 않고서 어떻게 주야로
끊임없이
저 모든 고통과
저 모든 불행과
저 모든 빈곤을
접할 수 있겠는가?
……

신부에게,
특히 주교에게
자비의 첫째 증거는
청빈이다.

미리엘 주교의 청빈함과 신앙성과
인간을 인간답게 바라보는 따뜻한 시선은
그의 마지막 생애까지도 지켜지는
절대적 종교와도 같았다.

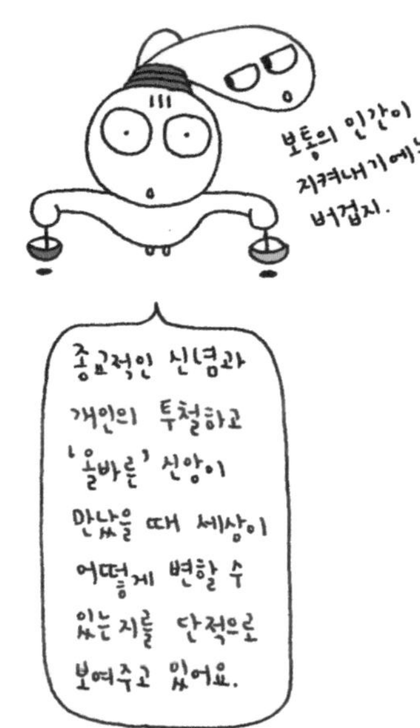

그러나 나는 아직도 여전히 한낱
인간일 뿐이며 언제든 속되고 속된
현실에 현혹되고 만다.

포기라고! 왜요?
희생이라고! 무엇을 위해서요?
나는 이리가 다른 이리의 행복을 위하여
제 몸을 희생하는 것을 보지 못했어요.
자연대로 살아갑시다.
우리는 꼭대기에 있으니까 탁월한
철학을 가집시다. 남들의 코끝보다 더 멀리
보지 못한다면 높은 곳에 있은들
무슨 소용이겠습니까?

즐겁게 삽시다. 인생, 그것이 전부예요.

인간의 다른 미래가 딴 곳에,
저 천국인지 지옥인지 어딘가에
있다는 그런 기만적인 말을

나는 믿지 않아요.

그렇게 나는 한밤중까지 〈레미제라블〉에
집중하고 있었고, 장 발장이 마들렌씨로
이름과 신분을 바꾸며 그가 미리엘 주교의
가르침에 따라 '정직한 사람'이 되기 위해
기를 쓰고 살아남는 1권까지를 읽었지만
인간의 생이란 늘 그렇듯 한쪽 방향으로만
흐르지 않는 법. '팡틴'은 끝내 죽고 만다.

2권에서 코제트는 여전히 그 거지 같은
여관에서 갖은 구박과 폭력에 시달리고
있으며, 자베르 형사는 죽었다는 장발장의
사고 경위에도 불구하고 의심을 거두지 못한다.

이렇게 '인간의 드라마는 끝도 없이
악연과 우연과 필연을 거듭하며 벌어지는데...

광활한 모래사장에서 겨우 반짝이는 어떤 것 하나를 발견했다.
소설이면서 역사서이고, 종교나 철학서 이기도 한 〈레 미제라블〉.
복잡한 심정으로 진지하게 읽고 있는데 이 문장을 발견했다!

"이 책은 무한*을 첫째 인물로
삼고 있는 한편의 드라마다.
인간은 둘째 인물이다."

* 무한의 원어는 'infini'인데 이 말에는 '무한'이라는 뜻 외에 '무한한 존재, 절대자, 하느님'이라는 뜻이 있다는 것을 독자는 아울러 생각하면 좋을 것이다.

장 발장은 천신만고 끝에 코제트를
데리고 도망치는데 성공하고,
프랑스는 격동의 시대를 관통하고 있지만
나는 여전히 장 발장과 코제트와
자베르라는 악연이 만들어내는 우연과
필연의 인간적인 드라마에 빠져 있다.

chapter 5

공포가 일상이 되는 순간

빚 받으러 온 개구리… 개굴개굴~
모옌, 〈개구리〉

얼마 전 노벨문학상 수상자가 발표되었다.
중국의 작가 모옌. 〈붉은 수수밭〉의 원작자로
알려진 모옌을... 나는,

무식하게 이랬다지.

중국에서는 노벨문학상을 처음 배출했다며
노벨평화상을 수상할 때와는 대조적으로
축제 분위기없고 옆에서 지켜보던 우리는,

매번 고배를 마시며 씁쓸해한다.

그런데 솔직히 말하자면 나는, 노벨문학상에
그다지 관심이 없다. 수상자가 누가 되었는지는
관심이 있지만 그들의 소설이나 시…등등등은
일반적으로 저속한(?) '재미'를 추구하는
나란 독자에게는 그리 가까운 작가층이 아니었다.

그런 내가 달라졌다. 그것은 '모 옌' 덕분이다.

주말에 나는 모옌 옹에 푹 빠져 있었고
그 작품은 바로, 〈개구리〉

〈개구리〉는 중국인 남자 '커더우'(필명)가
일본인 선생님인 스기타니 요시토에게 쓰는
편지로 시작한다. 그러나 편지 속에 등장하는
주인공은 커더우가 아닌 열렬한 공산당원인
그의 고모 '완신'이다.

출신성분이 남달랐던 고모는
가오미 지역에서 독보적인 산부인과
의사로 자리 잡게 된다.
그의 나이 겨우 열일곱에.
당시에는 '늙은 산파'들이
아이를 받다 잘못되는 경우가
왕왕 있었는데 어린 고모는
이렇게 맞선다.

중국이 호황기인 1950년대에서 60년대 중반까지
인구는 기하급수적으로 증가한다. 1962년에도
가오미 향에 고구마가 풍년이라 출산율은 더없이
높아지고 고모는 수없이 많은 아이들을 받는다.

그러나 문제는 그때부터 시작된다.
통제되지 않는 인구 증가에 불안감을 느낀 정부는
'계획생육'에 들어간다. 중국식 가족계획이지만
그것은 점점 잔인한 강제성을 띠게 된다.

그리고 산부인과 의사로서 무한한 자부심을
갖고 있던 고모의 인생도 뜻하지 않은
방향으로 급전환하게 된다.

한 명만 낳아 키워야 하며 첫째가 여아일 경우
8년을 기다려야 하는 사람들. 그마저도 딸이면
두 번 다시 출산할 수 없게 되는 여자들은
어떻게든 아들을 낳기 위해 위험을 무릅쓴다.
그리고 무슨 수를 써서라도 기어이 출산을
막으려는 고모는 수단과 방법을 가리지 않는다.

"여자는 왜 태어나는지 알아?
결국 아이를 낳기 위해 태어나는 거야.
여자의 위치도 아이를 낳음으로써 생기는 거다.
여자의 행복이나 영예도 마찬가지란다.
여자가 아이를 낳지 않는다는 건
가장 큰 고통이야.
여자란 모름지기
아이를 낳아야 완전한 여자지."

개구리의 본능보다 못한 취급을 받아야 하는
이들은 고모를 괴물 보듯 한다.
고모는 과연 악인이었을까?

중국에는 장수면이 있다지.
끝도 없이 이어지는 면발을
장수를 기원하며
생일날 먹는다는데
나는 〈개구리〉를
이렇게 먹었다.

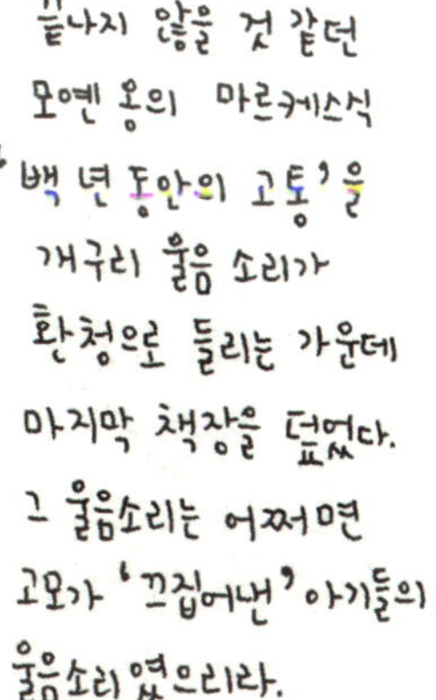

끝나지 않을 것 같던
모옌 옹의 마르케스식
'백 년 동안의 고통'을
개구리 울음 소리가
환청으로 들리는 가운데
마지막 책장을 덮었다.
그 울음소리는 어쩌면
고모가 '끄집어낸' 아기들의
울음소리 였으리라.

그러나 사상과 정부와 정책이라는
개인이 감당하기에 버거운 권력 앞에
고모의 선택을 비난할 수 있을까?

소설에서도 죄와 벌이라는 극단적인
이분법적 해답을 제시하지는 않는다.
그러나 개인으로서 감당해야 하는 고모의
죄책감은 평생 그녀를 괴롭힌다.

"빚 받으러 가자."

"왜 '개구리 와蛙' 하고 '인형 와娃' 하고
발음이 같은지 알아요?
왜 엄마 뱃속에서 아기가 처음 나왔을 때 우는 소리하고
개구리 울음소리가 비슷한지 알아요?
왜 우리 둥베이 향 점토인형 가운데
많은 수가 개구리 한 마리를 안고 있는지 아냐고요!"

나도 옮긴이의 말처럼 '더 이상 이야기하지 않겠다.'
그리고 내가 아끼는 모든 당신들에게 추천하고 싶다.
모옌 옹의 〈개구리〉 울음 소리를 꼭 읽어보라고!

이제 선은 없는 걸까?
캐스린 스토킷, 〈헬프〉

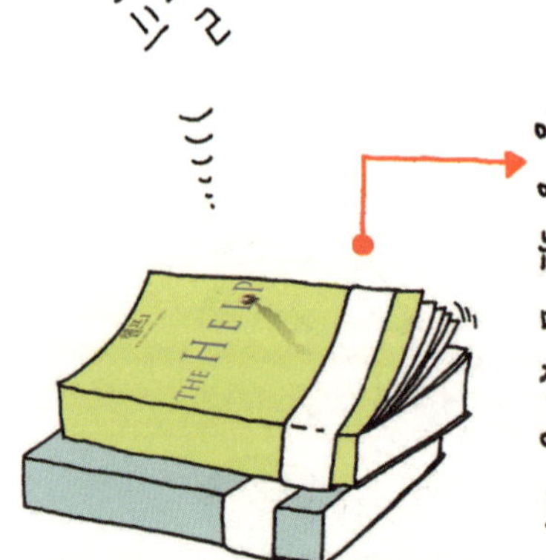

베스트셀러라고 하면 일단은
묵히기 일쑤이고 (왜 그런지 나도 모름ㅜㅠ)
베스트의 기운이 꺾일 때쯤 읽는 경우도
허다해서 이 책도 침대 머리맡에서 며칠을 묵혔다.

그리고...

마치 어서 읽으라며 닦달하듯 두 권이
나란히 누워 있는데 안 읽고는 못 배기겠어서
그날 밤 1권을 집어들었고... 그렇게 나는
새벽 4시까지 달렸다.

그랬다. 못 믿었던 입소문은 사실이었고
뒷목이 뻣뻣해지도록 읽었다.
멈출 수가 없어서.

때는 1960년대의 미시시피 주 잭슨.
'사람들은 우주시대'라 부르지만
인종차별로 악명높은 그곳에서
유백인 가정부로 살아가는 인생은
과연 어떨까?

미친 여자 미쓰 셜리아의
가정부 **미니 잭슨**

: 늘 그냥 들어넘기지 못하고 아슬아슬하게 수위를 넘는 말대답이 문제다.

미쓰 리폴트의 가정부

아이빌린

: 오랜 가정부 생활로 백인 주민 여자들이 무엇을 원하는지 알고 있다.

누군가는 열성적이고 누군가는 동조하고
또 누군가는 묵인하는 가운데 인종차별은
일상 속에 단단하게 뿌리내린다.
그런데...

미스 스커티

: 대학을 졸업하고 부모님 댁으로 돌아왔지만
미래가 없다. 무엇을 하고 싶은지, 할 수 있는지.
그러다 글을 써야겠다 결심하면서 어릴 적 자신의
가정부였던 콘스탄틴을 생각한다.

'1960년대 초, 인종차별이 심한
미국 미시시피 주의 잭슨'이라는
배경만으로도 예민한 문제를 심각하게
써내려가지 않을까 했는데 천만에.
〈헬프〉는 무거운 주제를 가볍게 풀어내는
장점이 탁월한 책이다. 속도감이 대단하다.
그렇다고,

"자네는 존재하지 않는 것을
말하고 있어…
나는 예전에는 그렇게 믿었지.
하지만 이제는 아니야.
그 선은
우리의 머릿속에 있어.
미스 힐리 같은 사람들은 항상
그 선이 있다고 우기지.

하지만 선은 없어."

선은 머릿속에 있을 뿐 세 여자는 그렇게
세상의 경계를 뛰어넘는다.
그들 앞에는 여전히 차별과 편견의 시선이
존재하지만 이미 그들은 뛰어넘지 않았나!
자신들만의 방식으로.

수치심의 색깔이 흰색이라는 걸 알았고,
그 모든 일들이 일어나지 않았다면
내가 어떤 사람이 되었을지 누가 알겠어요.

공포가 일상이 되는 순간
공살루 M. 타바리스, 〈예루살렘〉

주제 사라마구는 이 소설을 두고
이렇게 말했단다.

5월 29일 새벽 4시.
밤거리를 서성이는
그들의 비명과도
같은 소설.

새벽 4시, 공포와 광기로 가득한 거리에서
벌어지는 그들의 고통스런 이야기.

저들이 지금 무슨 생각을 할까요?

지금 무슨 생각을 하고 있나요?

밀리아,
다른 건 몰라도
반드시 짚고
넘어가야 할
문제가
하나 있어.

인간들은 어떻게
그런 끔찍한 일들을
아무 거리낌 없이 저지를 수 있을까?

인간이기에 저지를 수 있는 일은
상상보다 끔찍하고 그 끔찍함에는
한계라는 것이 없지 않을까 싶게
잔인한 일들이 벌어지고 있다.

테오도르 박사가 저런 말을 한 게 더 아이러니다.
잔잔하게 무시무시한 소설을 꼽으라면 전, <예루살렘>을 꼽을 거예요. 그리고 무엇보다 섬뜩했던 것은 테오도르의 그 기막힌 가설에서 비롯됩니다.
너, 떨고 있니?
역사에는 '공포의 역사'라는 부분이 있어. 수백 년동안 사람들이 느낀 공포와 두려움의 분포 상태를 도표로 만들기 위해 최대한 많은 자료를 모으는 것. 앞으로 어떤 결과가 나타날 지는 나도 몰라.
음...
끄꺄악!
헉!
끼약!
공포가 이런 곡선 그래프로 표현될 수 있다고 주장하는 테오도르 박사! 과연 가능할까요?

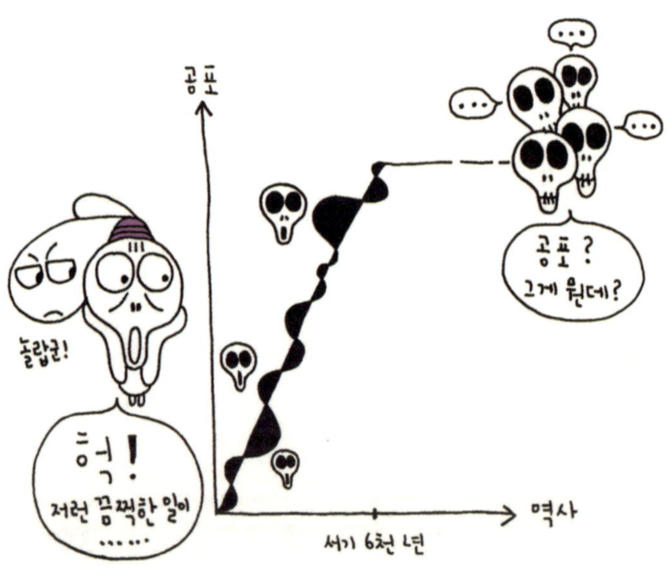

"언젠가 공포와 두려움이 점진적으로
그리고 눈에 띄게 줄어들어서, 예를 들면
대략 서기 6천 년 무렵에 역사로부터
완전히 종적을 감출 것이라고
예측할 수도 있다고.
……

내가 정말 두려운 건,
종말을 맞는다든가 하는 게 아니라,
그래프가 안정성을 띠게 되는 경우야.
상상하기조차 싫은 상황이라고.
만에 하나 그런 일이 일어난다면 그건
공포와 두려움이
삶의 일상적인 부분이
된다는 얘기거든.
그렇게 공포와 불안감이
정상적인 삶의 일부로 확고하게
자리 잡는다면 인간들이
애지중지하던 희망따위
흔적도 없이
사라지고 말 거야."

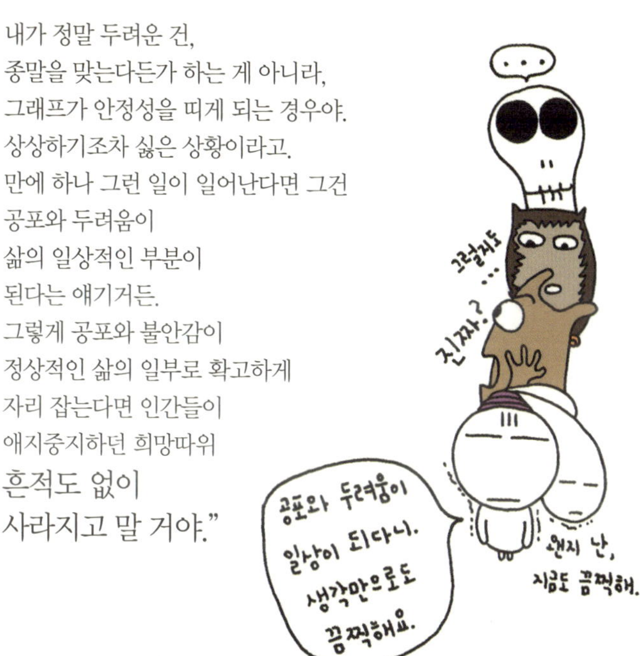

〈예루살렘〉은 공포가 일상이 되어버린
사람들의 이야기일지 모른다.
현재 또는 과거에 겪었던 공포나
두려움이 누군가의 미래인 것처럼.
그리고 그들에겐 발붙일 곳은 없다.
마치, '추방된 자들'처럼.

"실수를 저지른 자는 곧 추방된다.
다시 말해 상자 속에 갇힌다는 뜻이다.
상자 밖에 있는 사람에게는
상자만 보일 뿐
그 안은 전혀 보이지 않는다.
하지만 상자 안에 갇힌 사람, 즉
추방된 자는 상자 밖을 내다 볼 수 있다.
그는 이 세상 모든 것뿐만 아니라,
우리 모두를 보고 있다.
……

그래도 그 상자 안을 보려는 이는
거의 없다. 하루에도 수백 번씩
그 앞을 지나다니다 보니 철저하게
무감각해지고 만 것이다."

등장인물 하나 하나가 느끼는 공포와 광기가
문장 사이 사이로 고요히 흐느끼는 〈예루살렘〉.
구원도 없고, 변치 않는 사랑도 없고.
희망 따위는 더더욱 없는 〈예루살렘〉.

그러나 과거와 현재와 미래까지도
집어삼킬 듯한 공살루 M. 타바리스의
지독한 광기에 어린 곡선 그래프는
조용히 공포와 역사의 평행선상에
가까워지고 있다.
서기 6천 년도 되기 전에!

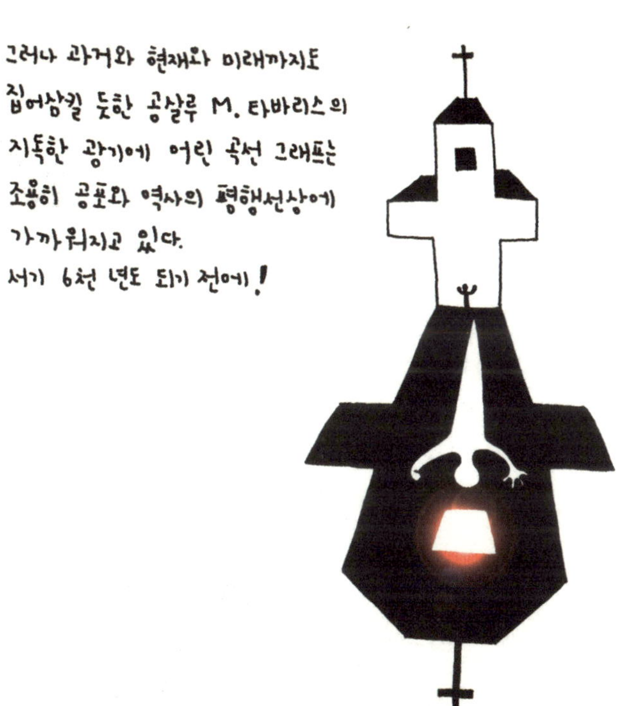

"예루살렘아 내가 너를 잊을진대
내 오른손이 그의 재주를 잊을지로다."

소수의견이 다수를 전복시킬 수 있을까?

손아람, 〈소수의견〉

황금연휴가 시작된 금요일, 나는 늘 하던 대로
책가방을 꾸려 집으로 향하는 길이었고,
버스의 뒷바퀴가 펑크 나는 사고를 겪으며
쉬어가자며 카페에 들렀다.

이 안에 딱 한 권 있다.

내 취향일 거라는 지인의 추천이 난무하는 〈새와 빨강〉과
댓글에 달린 백석의 시에 홀딱 반해 이번엔 기필코 읽어야
겠지만 본격 시집은 아닌 〈백석의 맛〉과 움베르토 에코의
서문과 착한 가격에 손이 갔던 〈왜 이탈리아 사람들은 음식
이야기를 좋아할까?〉를 모두 그대로 두고 챙겨갔던
연휴의 가방 속 단 한 권의 책.

사실, <소수의견>을 단 한 권의 책으로 고른 특별한
이유는 없다. 앞에서 언급했던 책들보다 사이즈가
작았고 (가방에 쏙 들어가고) 무게도 가볍고
(<재와 빨강>보단 무겁지만) 신인작가의
소설이라 당겼다. (정확히 말하자면 신인은 아니다.
일루셔니스트 시리즈에 작가의 <진실이 말소된 페이지>가
있었으니까. 그것도 무려 2권으로. 1권에는 CD도 있더라.)

이렇게 다분히 책 사이즈와 무게, 어깨 힘이
허락하는 선에서 고른 책이 <소수의견>이었다.

그·런·데!

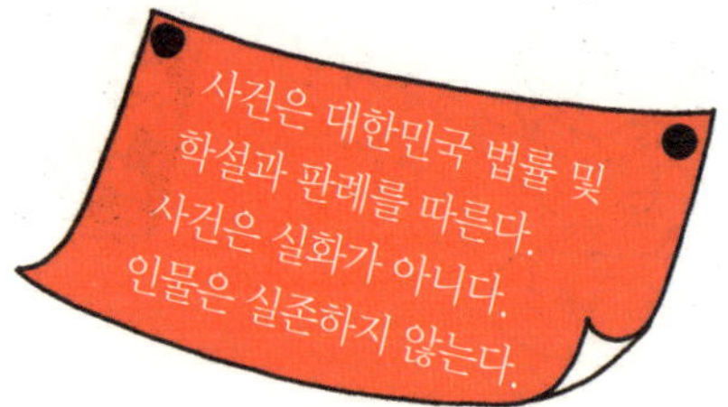

이렇게 밝히며 주의를 주지만
독자인 나는... 그 경고성 문구에도 불구하고
용산이라는 사건을 떠올릴 수밖에 없었다.

내게는 TV 브라운관을 통해 뉴스에서
방송하는 대로 '보기'만 했던 용산.

그 이면에 웅크리고 있는 칠흑같이 검은
음모에 대해서는 '보지 못했던' 용산.

작가는 실화나 실존 인물이 아님을 밝히면서도
문헌, 법령, 판례는 사실에 근거한다고 책의
뒷면에서 꼼꼼히 밝히고 있다. 그렇다면,

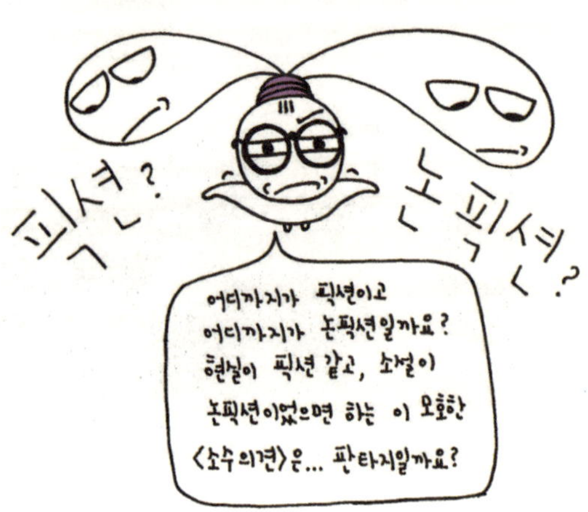

신문을 봐도 문화면을 시작으로 가끔 연예면이나
스포츠면을 본 다음 마지막으로 눈에 띄는 제목만
읽고 넘겼던 정치·사회면.

그 안에 도사리고 있던 거대한 암호라도 같았던
무수히 많은 사건들. 그 거대한 물음표와도 같은
사건들을 간파하기엔 나는 많은 부분 순진했고
그리고 ... 무관심했다. 내게 닥친 일이 아니기에.

드라마틱한 법정시나리오의 마지막을 향하여
내달리며 나는 다시 회의적이 되었다.
시대가 변한만큼 진실이 모습을 드러낼까?
하지만 현실은 거짓이 난무하기에 딱 좋지 뭔가.

"대법원 등의 합의체 재판부에서
판결을 도출하는 다수 법관의 의견에
반대하는 법관의 의견"

니야옹
니야옹
소수의견
'시대가 바뀌었으니
소수의견이 자리를
찾을 때'가 된 거겠죠?
그런데, 전... 여전히
〈소수의견〉이 판타지
처럼 느껴져요...

몰입 독서를 위한 자리 찾기

1. 도서관 

도서관은 공부방이었고(지금도!) 그곳에서 소설 나부랭이를 읽어대는 것은 왠지 눈에 띄는 행위였다.

2. 지하철 

단시간 몰입 독서에는 최고라 할 수 있다. 주위에 신경 쓸 겨를 없이 읽다 보면 어느덧 하차할 역을 알리는 안내방송을 한다.

3. 화장실 

괄약근에 힘주는 자투리 시간까지도 아깝다면 화장실 한쪽에 책을 비치하는 것도 좋다. 단, 끊고 나올 수 있는 결단이 필요하다는 게!

4. 대중탕

대중탕에서 몰입 독서를 하던 그녀를 봤다! 무려 대중탕에서 말이다. 대중탕에서는 단 한 번도 독서를 해본 적이 없는지라 뭐라 말 못하겠지만 아주 인상적이었다.

5. 카페 

주말만 되면 한낮의 태양을 피해 내가 제일 좋아하는 카페에 가곤 한다. 아직은 이 자리가 가장 마음에 든다는….

사랑은 회복될 수 있을까?
덴도 아라타, 〈영원의 아이〉

두 명의 조카가 생기고 점점 흥미롭게 보는
TV 프로그램이 있는데 〈우리 아이가 달라졌어요〉이다.

프로그램 속 아이들의 상태는 입이 떡 벌어지도록
난폭하고 버릇없으며 폭력적인 양상을 보인다.
말 그대로 생떼의 진수를 보이는 아이들.

그런데 말이다. 이런 생떼를 쓰는 아이들을
관찰해보면 언제나 원인은 부모에게 있었다.

부모들이 아이의 상태와 가정 내의 사생활을
프로그램을 통해 공개적으로 드러내기까지는 상당한
용기가 필요했을 텐데도 그들은 과감히 선택한다.
아이와 부모 그리고 가족을 위해.

만약 그들의 가정이 치유되지 못하고
그대로 방치되어 몇 십년이 지났다고
상상해보자. 과연 어떤 일이 벌어질까?

꽉 다문 입에서 고집스러움이 느껴지는 세 명의 아이들.
이들이 드디어 입을 열고 말하기 시작했다.
당신은... 감당할 수 있을까?
온몸으로 느끼는 아이들의 절규를!

심호흡 크게 한번 하고 폭염과 함께 이 두꺼운
두 권의 책을 작심하고 펼쳤지만 역시 힘들었다.
덴도 아라타이지 않은가.

'정말 이런 일이 있을 수 있을까?'
란 질문에 내 대답은
'충분히 있을 수 있는 일이다!'
였다는 것도 문제였다.

상상력을 자극하는 과장된 소설로
받아들이기에 <영원의 아이>는
그 실체가 마치 내 눈앞에 있는 듯했다.

기역자 모양의 아동정신과 제8병동.
이곳을 아이들은 '동물원'이라고 부른다.

그리고 아이들은 각자의 치명적인 약점을
건드리지 않기 위해 별명을 지어준다, 이렇게.

이름 따위 필요 없다던 유키에게 루핀이란 이름이
붙으면서 루핀, 지라프, 모울의 묘한 우정은 시작되고
17년이 흐른 뒤에 다시 만나버린 그들.

덴도 아라타의 〈애도하는 사람〉과 〈가족사냥〉을 읽고
이번이 세 번째인 그의 책 〈영원의 아이〉는 한마디로
우울이었다. 희망없는 절망에 가까운 우울.

우리는 변할 수 있을까? 사회는 변할 수 있을까?
가족은 변할 수 있을까? 사랑은 회복될 수 있을까?

무수한 질문들 속에 TV에서의 마지막 장면이
떠오른다. 결국은 해피엔딩인 눈부신 장면이.

그럼에도 불구하고 나는 한동안 우울하고
몸살은 좀처럼 낫지 않았다.
작가의 고통스러웠던 집필과정이 느껴져서일까...

상처 입은 아이들의 마음을 표현하는 일은
상상 이상으로 힘든 경험이었다.
나는 97년경부터 거의 집 밖으로 나오지 않게 되었다.
친구와 얼굴을 마주할 때조차 용기를
쥐어짜야 했다.
미안하기는 했지만 당시의 정신 상태로는
상처 입은 아이들의 마음을 안은 채로 축하해야
마땅할 장소에서 행복하라고 말하며 웃는 게
고통스러웠다.(……)
표현의 미숙함을 절감하며 마감을 일주일,
또 일주일씩 늘려달라고 부탁했다.
그런데도 적절한 표현을 찾는 일은 언제나
시간이 모자라 괴로웠다.
잠을 이룰 수 없게 되었다.
긴장성 두통 때문에 몸은 항상 무거웠다.
쉬게 되면 그만큼의 시간이 없어지기에
불면과 고통을 안고 일을 계속했다.

BGM Jason Mraz "Details in the Fabric"

폭염, 그리고 또 카페
Coffee...
Late...
Tea...
cake...
영원의아이상
"민주당라 헤이..."
'울지마, 바보
…바보자석'
덴도 아라타는
'가족 환상을 깨고 싶었다'
고 한다. 환상이 깨진
자리엔 우울만이 남았다.
그리고 간혹 바보같이
눈물도…. 이 사회는 정말
제대로 돌아가는 걸까?

채집당한 남자 이야기
아베 코보, 〈모래의 여자〉

이 남자의 처절하지만 무기력한
이야기의 마지막 장을 덮고 난 후...

이렇게 무력감이 들기도 처음이다.
쏟아지는 황금빛 햇살을 받으면서도
그 햇살이 어쩌나 권태롭게 느껴지던지.

세상 그 모든 것에 순간
심드렁해지면서 무기력함이
속절없이 밀려들었고 그것은 오로지
단 한 권의 책 때문이었다.

〈 모래의 여자 〉

이 책이 이런 책일 줄이야!
사실 이 책을 읽게 된 계기는
무척 사소하고 단순했다.

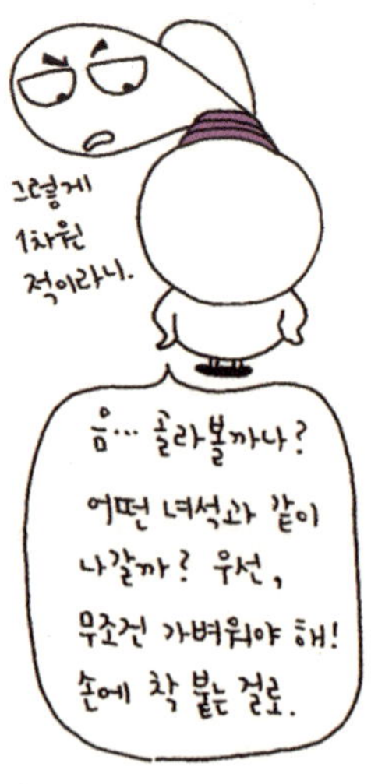

이런 속사정으로 가벼운 〈모래의 여자〉를
골라 들었지만 몇 장 읽지 않고 나는
〈모래의 여자〉에 당했다.

채집당한 남자에 완전 몰입하고 말았다.
그는 과연 탈출할 수 있을 것인가?

곤충채집을 갔던 남자는 바닷가 모래마을
사람들에게 감금당하게 된다.

그 목적은 사방에서 흘러내려 마을을
삼켜버릴 듯한 모래를 퍼 나르는 일을
시키기 위해서다. 모래의 여자와 함께.

그리고 남자는 그녀와 함께 끝도 없이
쌓이는 모래와 사투를 벌인다.

채집당한 남자가 감금당한 채 발버둥치는
모습은 마치,

유리상자 안에 갇혀 있으면서
끊임없이 유리벽에 자신의 몸을
부딪혀대는 하찮은 벌레의
부질없는 몸부림처럼 느껴졌다.

"열심히 날았는 줄 알았는데, 실은
유리창에 콧잔등을 비비고
있을 뿐인 왕큰집파리"

어쩌면 모래 안의 생활과 모래 밖의 생활은
책에서도 강조하는 '뫼비우스의 띠'가 아닐까?

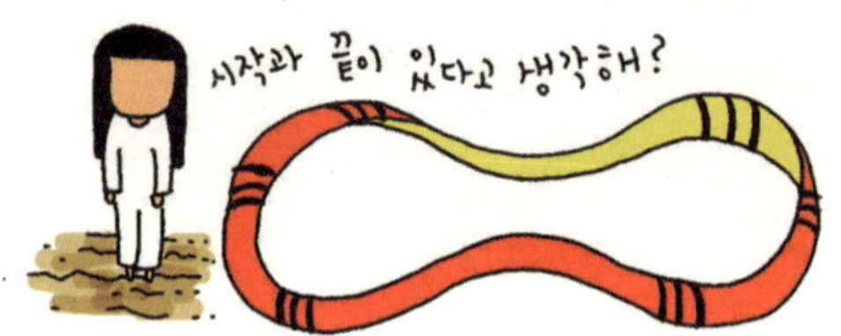

"납득이 안 갔어…
어차피 인생이란 거 일일이
납득하면서 살아가는 것은 아니지만…
그렇지만, 저 생활과 이 생활이 있는데,
저쪽이 조금 낫게 보이기도 하고…
이대로 살아간다면, 그래서 어쩔거냐는
생각이 가장 견딜 수 없어…
어떤 생활이든 해답이 없을 게 뻔하지만…."

모래에 파묻혀 시간 개념은 사라지고
안이 밖이고 밖이 안이 되어버린 삶.
달라질 것 없는 생활 속에서
채집당한 남자의 선택은 어쩌면
당연한 것이 아니었을까?

소름 끼치도록 무력한 〈모래의 여자〉

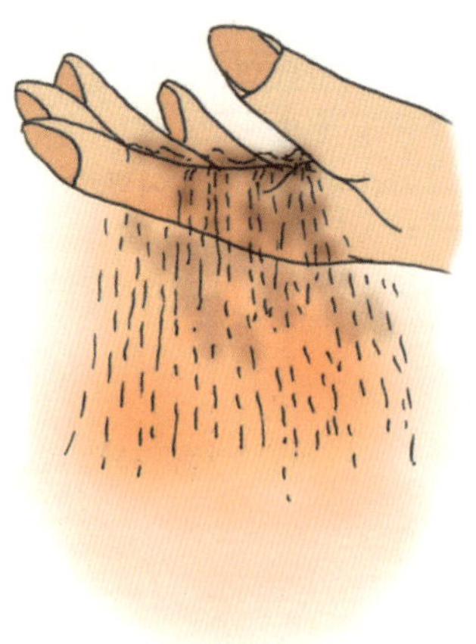

움켜쥐었던 모래가 손가락 사이로
스르륵 흔적도 없이 사라지는 느낌.

손가락 사이로 흘러내린 모래에
숨이 막힐 듯 파묻혀버린 날이었다.

chapter 6

내 친구 같은 만화

마음을 정화시켜 주는
그녀들의 수다
마르잔 사트라피, 〈바느질 수다〉

마르잔 사트라피의 신간이
떡하니 나왔던 거다, 세상에!
어쩜 이렇게 소리 소문도 없이
고요하게 나온 것인지.

생각난 김에 집에 있던
〈페르세폴리스〉를 꺼내보려는데
… 어라? 그러고 보니…

내 책꽂이 맨 아래 그 자리에 철썩같이
꽂혀 있을 거라 생각했지만 없었다.
기분 좋게 선물했던 걸 깜빡한 거라.

그 흔한 광고성 띠지
하나 두르지 않고
당당하게 신간코너
구석에 꽂혀 있던,
그래서 눈 밝아야
찾을 수 있었던,
그리고 결코 서점에 서서 후루룩
읽어치울 수 없었던 그런 책이었다.

<바느질 수다>라는 제목에서도 느껴지지만
9명의 여자들이 차를 마시는 동안
온갖 '여자'들에 관한 수다를 떠는 시간이다.
마르잔 사트라피가 '바느질 수다'라고 했다면
우리는 이 시간을 '뒷담화'라고 하지 않을까?

물론 사트라피의 수다는 우리들의 그것보다

훨씬 발칙하고

대담하고, 솔직하고, 재미있지만
은근히 드러나는 이란 여성의 삶을 엿볼 수 있다.
하지만 이 아홉 명의 신랄하고 발랄한 여성들의
독립적이고도 당당한 삶이 그려지는 〈바느질 수다〉

그녀들의
남자친구에게
권하면
발칙한가요?

바느질
수다

발칙…
할까?
ㅋㅋㅋ

남 흉보는 일은 말이야.
마음을 정화시켜
주는 거야…
에잌!
할머니
큰일 날 소리를.
왜에?!
설득력 있는
말씀 같지 않아?
그 후로 오랫동안
우리들은 마음을
정화시키는 일에
몰두했다.
그녀들처럼.
뱀도 늙으면 개구리한테
불알을 잡힌다더니.
쳇, 같이 늙어가는
주제에 무시하긴…
그러게나 말이에요.
근데 대체 무슨 얘기
중이었던 걸까요?…

동서양의 터무니없는 판타지는 언제쯤 깨질까?

마크 칼레스니코, 〈우편주문 신부〉

언제부터인지 우리 주변에는 다문화 가정이
많아졌고 그로 인한 갈등 또한 깊어지고 있다.
얼마 전 일어난 베트남 신부의 살해소식은
그 갈등이 극대화된 비극이었다.

이런 비극에도 불구하고 국제결혼은 성행하고
있고, <u>제도적인 장치</u>를 마련한다지만
각자가 살아온 수십 년 된 <u>문화적 차이</u>는
어떻게 극복할 것인가도 문제인데.

제도적인 장치
제도적인 장치를 아무리 견고하게 한들 사람까지 파악이 될까요? 어려워요, 어려워.
제도적 장치, 없는 것보다야 낫지 않겠어?
문화적 차이
어쩜 이렇게 다르죠? 집안일엔 눈도 까딱 하지 않고 구두쇠예요. 드라마완 너무 달라요!
그들은 너무 게을러요! 대체 악착같은 구석이 없어. 돈 아까운 줄 모르고 드라마라니...헐ㅡ.ㅡ
백마 탄 왕자와 말 잘 듣는 비너스를 원했던 결과일까요? 음...

이쯤에서 오늘의 책을 말하자면,

캐나다의 소도시에 사는 '몬티 윌러'
그는 쇼핑 카탈로그에서 물건 고르듯
그렇게 한국인 여성 '경'을 고른다.
이른바 〈우편주문 신부〉

자신에 대해서라면
말하기를 거북하는 경.
몬티에게도 한국에서의
삶에 대해서는
단 한 마디도 하지 않는다.

몬티와 경은 서로에 대해 아무것도
알지 못한 채 결혼에 이른다.
각자의 환상에 휩싸인 채 그렇게.
그러나 어디 삶이란 그런 것인가.
어느덧 환상은 낯선 현실 앞에서
자취를 감추고 상처만 남긴다.

몬티의 근면하고, 충실하고, 순종적이던
한국인 아내 경은 이브를 만나 새로운 경험과
다양한 사람들을 만나게 된다.

그렇게 경은 자신 안에 잠재되어 있던
열정에 몸을 던지고(!) 그런 경을 바라보는
몬티의 시선은 싸늘해지기 시작한다.
결국 그들은,

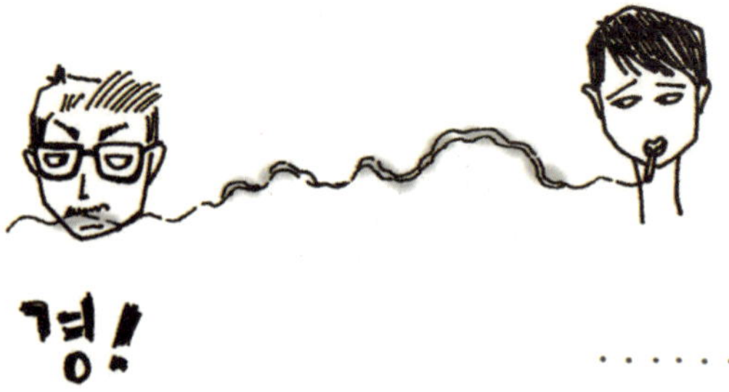

날 무시하는 거지!

굵고 깊게 균열이 가기 시작한 그들의 결혼 생활은
'왕자와 공주는 그 후 오래오래 행복하게 살았습니다' 식의
동화가 아니었다.

왕자와 공주의 해피엔딩을 기대하기에 현실은
얼마나 복잡미묘 냉정한지. 그러고 보면 이 책의
시작과 끝이 같은 것은 무척 인상적이다.
앞으로 몬티는 더욱 권위적인 캐나다인 남편이 될 테고,
경은 겉으론 순종적이지만 남편을 경멸하는 이중적인
한국인 부인이 될 것만 같은 우울한 결말을 예상하며

그들에게 애정어린 한 마디를.

1. 신비스럽지만 고집스런 경에게.

2. 자신만의 세상에 갇힌 몬티에게.

3. 결혼을 한다는 이브에게.

"반지 봐!
벌써 서른여덟 살인데
이게 마지막 기회일
수도 있잖아."

과연 이들은 어떻게 됐을까?

"당신은 나의
이국적이고,
충실하고,
근면하고,
전통적인
한국인 부인이지.
나의 작은
장식품
경."
우편주문
신부
세상의 모든 '경'에게
환상의 빛을 쫓지
말고 자신의 열정을
좇을 것! 그리고,
자신을 믿을 것!
Coffee
PS. 동서양의 이 터무니없는 판타지는 언제쯤 깨질까?

입맛 없을 땐 이 책을 읽어보세요

허영만, 〈식객〉

은근히 봄타며 식욕이 뚝 떨어지고 급기야
육식토끼임에도 불구하고 풀만 뜯어 먹던 어느날.

이런 날들의 연속이었는데
입맛 물씬 돋는 책이 내게로 왔다. 꿀꺽!

'2002년부터 9년간 대한민국 맛의 지도를 그려온 〈식객〉'

짱짱하게 랩핑된 1권의 비닐을 벗기며
'식객여행'이 시작되었다. 가벼운 마음으로

황금연휴에 달콤쌉싸름하게 읽으려던 야무진
계획은 단 두 권을 읽으며 무리라는 결론에 이르렀고,
이 만화책을 읽는 데는 무려 일주일이 걸렸다.
다른 책들은 일절 한 자도 읽지 않고 말이다.

실은 읽을 수가 없었다.
깊은 박스 안에서 한 권씩 꺼내 읽는 〈식객〉은
맛만 보자던 새우깡을 순식간에 한 봉지 다
먹어치우던 간식의 마력에 빠진 것과 같았다.

자, 그럼 2기권의 〈식객〉 중에서 어느 권부터 얘기할까?

1 권의 '베토벤 9번 교향곡의
   4악장을 듣는 것 같은 기분'인 밥 

2 권의 지염 → 침채 → 팀채 → 딤채 → 짐채 → 김채 → 김치

5 권의 '급하게 먹다 입천장이 홀랑 델 매생이국, 아니면
   '치사하고 졸렬하고 비겁하고 더러운 식사'

8 권의 '맛과 멋과 품위와 클라이맥스는 있어야 하지만
   도박이 있으면 안 돼'는 복어 ← 나, 복어

9 권의 '묵은 김치를 깔고, 돼지고기를 놓고 홍어를 초장에
   찍어 올린 다음 탁주 한 모금' …하는 홍어

12 권의 

15 권의 순대, 순대, 순대, 순대일기 …나도 쓰고파 ^^

20 권의 카아! 한 마디면 끝나는 국민주

이외에도 콩국수, 삼계탕, 탁주, 과메기, 두 눈 뜨고
못 먹을 참새구이(!), 정어리쌈, 돼지국밥, 올챙이국수,
가자미식해, 올갱이국, 돼지껍데기, 동래파전, 키조개,
뼈다귀 해장국, 민어 등등등... 그리고 팔도 냉면까지.

Best 10을 뽑아보자던 말도 안 되는 계획은 이렇게 줄줄이
나열되는 입맛 돋게 하는 음식들로 간단히 무산되었다.
어쩌면 당연한 일이겠지만.

〈식객〉을 읽으며 입맛도 단숨에 돌아왔지만 그것보다
혀 깊숙한 곳에 있던 잊혀졌던 음식이 생각났다.

추억과 함께 1

처음으로 도시락을 싸가던 날 박력 있게 넘어져
무릎팍은 깨지고 도시락은 길바닥을 굴렀는데
점심시간에 열어본 도시락은 밥 위에 얹은
짜장이 흘러 반찬에 엉망으로 엉겨 있었다.

윽 그래도 굶을수 없어 한술 떴는데) 밥과 밥
사이에 먹음직스럽게 끼워진 계란프라이.
세상에서 가장 맛있는 도시락이었다.

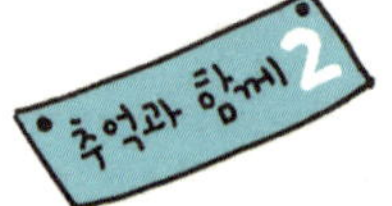

↑ 보온 도시락이었던
것도 같다.

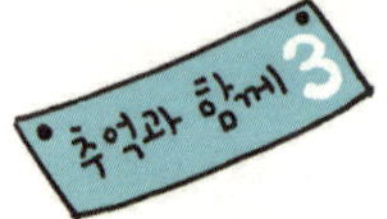

은둘 공주 꺼 4잔

내 꺼 4잔

소주잔 네 개의
로망이 완성된
새벽의 술자리와,
그날의 아이스크림콘과,
8차선 도로를 시원하게
질주하던 두 대의 자전거와 Jason Mraz*!

← 초코 아이스크림콘

＊제이슨 므라즈Jason Mraz:
미국 팝 아티스트. 대표곡 'I'm your'

겨울이면 온 집안에 누린내가 나도록
고던 곰국이나 시래기에 주먹만한 감자를
넣고 얼큰하게 끓인 감자탕이나
고등어를 폭 삶아 살만 곱게 으깨어
야들야들한 단배추를 넣어 끓인
담백한 고등어 추어탕...등등등의
엄마표 몸보신용 보양식들!

그리고 가슴아픈 건 ...
엄마의 음식들이 조금씩 짜진다는 것...이다...
세월과 함께,엄마 머리에 드문드문 난 흰 머리카락과 함께.
그 사실을 알면서도 나는,

집에 들러 엄마가 만들어 놓은 음식들을
반찬 통에 칸칸이 담아 들고 온다.
엄마의 환한 미소를 보기 위해.

허영만 님의 〈식객〉에는 이런 모든 감정들이 들어 있다.

"모두의 가슴,
어머니의 음식,
어머니의 숫자만큼 많은 맛" 그리고 추억까지.

장장 일주일간의 `식객여행`이 막을 내리는 순간,
(9년에 비하면 -.-;;;)

즐거웠습니다!

`맛을 잘 아는 진수성찬`과의
식객여행은...

PS. 〈식객〉15권을 달릴 때쯤 감기 기운이 있더니
2개권을 완독하고서 급기야 감기몸살에 걸렸다.
꽉 막힌 코 때문에 연신 입으로 숨을 쉬니 입술은
바짝바짝 마르는데... '개금밀면'이 먹고 싶다!
막힌 코 때문에 맛도 제대로 못 보면서 ㅡ.ㅡ

2개권까지 정신없이 다 읽고
지금은 2개권부터 다시 읽으며
눈으로 먹고 있다.
역시 맛있다!

나는… 앉은 자리에서 네 번 봤다

바스티앙 비베스, 〈염소의 맛〉
김성희, 〈몹쓸 년〉

어슬렁어슬렁 신간과 소설과 전집코너를 돌아보고
신간 만화책 코너에 갔다. 몇 주 전에 읽은
반갑기 그지없는 군침 도는 〈식객〉이 주르륵
꽂혀 있는 흐뭇한 책꽂이라니!

먹음직스럽게 꽂혀 있는 〈식객〉을 지나 책꽂이 위로
시선을 옮겼더니 화보집 크기만한 대형 〈수퍼맨〉에
세미콜론에서 선보이는 어둠의 도서들 시리즈 중에
〈기울어진 아이〉가 보였다. 물론, 매끈하게 비닐랩 두르고.

랩핑 두른 신상 만화책을 이리저리 둘러보다
딱 걸린 두 권의 책이 있었으니,
제목과 표지에서 범상치 않은 포스를 자랑하는
랩 둘렀으니 정보가
이것밖에는 ㄱㄴ

으억! 저 노골적인 제목은 뭐지?

두 권 모두 표지에서 느껴지는 아우라는 무척이나
담백했다. 현란한 색감과 스토리를 자랑하는
만화책들도 많지만 그 속에서 오히려 깔끔하다 못해
투박한 〈옵쓸년〉과 〈염소의 맛〉에 눈이 간 건
어쩌면 당연한 일인지도 모른다.

이렇게 해서 보게 된 〈염소의 맛〉

수영장 특유의 맛인 '염소의 맛'을 제목으로
하고 있는 이 독특한 만화책은 척추엽굽음증
환자인 소년이 수영장에서 소녀를 만나면서
풋사랑의 맛을 알아간다는 간단한 이야기이다.
그런데도 나는… 앉은 자리에서 네 번 봤다.

빠르게 네 번쯤 읽고 나서야 겨우
날렵하고 단순한 선들과 투명한 아쿠아색과(?)
절제된 대화 속에 숨은 매력을 발견했다.

수영장이란 장소를 이토록 매력적으로
그려내다니! 당장에라도 수영장으로
달려가 '잠형'을 하고 싶게 만든다.

무더위에 지쳐갈 때 본 〈염소의 맛〉에서
시원한 물맛과 함께 상큼한 사랑을 보았다면,
〈몹쓸년〉에서는... 막 수영장에서 빠져나와
말리지도 못한 머리카락에서 물방울을 뚝뚝
떨어뜨리며 비 버린내 나는 골목길을 걸어가는
느낌이랄까?

9개의 짧은 단편들로 이루어진 〈몹쓸 년〉은
여느 만화와는 달랐다. 거칠디거친 붓 터치와
대사를 읽지 않고는 성별도 구분할 수 없었고
표정으로는 감정조차 읽히지 않았던, 무척이나
불친절한 만화였다.

서른을 넘은 그녀가 친구의 결혼식에 가면서
시작되는 〈몹쓸 년〉은 서른 즈음의 여자가 겪은
일들을 담담히 보여준다. 그리고 '서른을 넘은
여자'에게서 내 모습을, 우리 모습을 발견하기란
그리 어렵지 않다. 당연하게도.

이런 '서른을 넘은 여자'들을 보고 사람들은
애처로운 눈빛을 보낸다. 결혼은 언제 할거냐?
그 나이에 애는 언제 낳을 거냐? 그러다 더
나이 들면 어쩔 거냐?......고

하지만 난, 이 서른 넘은 '몹쓸 년'이
전혀 걱정스럽지 않다. 오히려 씩씩하고
용감무쌍하게 살아가는 '몹쓸 년'이 대견하다.
아... 이 몹쓸 동질감이라니!

"서른을 맞았을 때는 놀라웠다.
겁주는 사람들이 많아서.

서른넷을 맞고 보니
겁을 못 준다.
사람들이…

사랑하고
사랑하고 싶다.

혼자이고 싶지 않아."

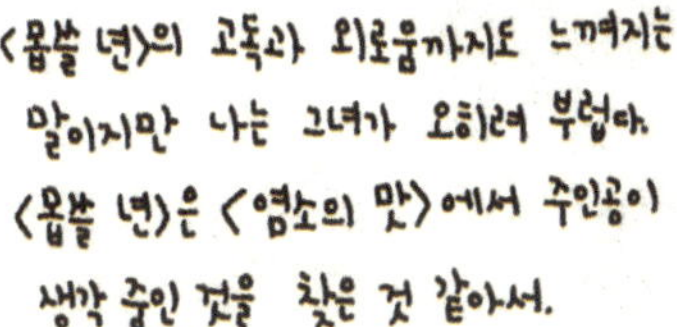

"목숨을 바치는 한이 있더라고
절대 포기하지 못할 것 같은 거…"

이런 젠장, 또 꿈속이야!
마르크앙투안 마티외, 〈꿈의 포로 아크파크〉

햇빛 쨍쨍하던 어느날.
쥘리우스 코랑탱 아크파크 씨의 꿈속으로
굴러떨어진 나.

〈 꿈의 포로 아크파크 〉

"유머는 이성이 알지 못하는 이유들을 아나니."

줄리앙 코랑탱 아크파크 씨
피해요! 어서!
자리 없어! 올라오지마!
날 지울 셈이냐?
비좁다구! 그만 그려!
우릴 다 지울 셈이군!
이 손은 대체 뭐지?
아크파크 씨 피해요!
J.C. 아크파크
J.C. 아크파크
아악

모든 장소가 비좁고
시간마저도 뒤엉킨
아크파크 씨.
그는 과연 '부조리한 이야기'의
기원을 찾을 수 있을까?

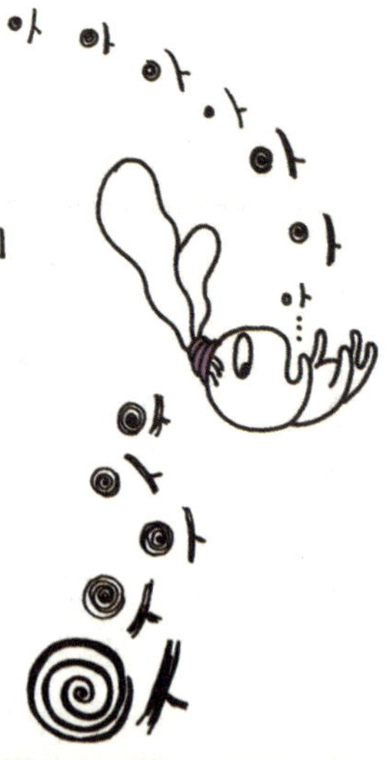

이건 악몽이야.
매번 반복되는 지독한 악몽.

깨야 해.
또 출근이군

깨야 해.
또 출근이군.

깨어나야 해!
또 출근... 뭔가 이상해.

이런 젠장!
또 꿈속이야
...

꿈에서 깨어나
다시 다른 꿈속으로
떨어지지만
한결같은 꿈속.

'거지같은
악몽'

2차원이 끝나고
3차원이 시작되지만
2.333 차원에서 깨어나는
뫼비우스의 띠일 수밖에 없는
아크파크 씨의 꿈, 그리고 나.

J.C. 아크파크 씨에게.

꿈을 없애야 해.
당장 잡아.
저것이 또 꿈을 꾸고 있어.
당장 저 꿈을 없애버려야 해!
저게 다 아크 파크 씨 꿈인 거죠?
아마도. 그러나... '꾸어선 안 될 꿈'이지. 도망치지 못하게 잡아!
'뚫린 칸'
영원히 빠져나올 수 없는 '시작의 끝'과 같은 '칸'
과거
현재
현재
현재
과거
* 기원 중에서
헉, 저 칸은!
저 칸에서 놀라웠지.

'이길 일도 질 일도 없는 게임'
아크파크 씨의 꿈은 무한 반복이다.
나의 일상이 끝없이 반복되는 것처럼.

결코 웃지 않는 유머부의
쥘리우스 코랑탱 아크파크는... 나다.

마르코앙투안 마티외의
상상력은 어디까지 일까?
그의 상상력 속으로 떨어지고 싶다.

자신을 100% 드러내는 만화

체스터 브라운,
〈너 좋아한 적 없어〉, 〈똑똑, 리틀맨〉

나는 늘 궁금했다. 시나 소설이나 만화에서
종종 자전적인 이야기들을 여과 없이 표출하는
대단히 솔직한 작가들. 그들에게 두려움은
없는 건지. 아니면 그런 작업으로 인해
고통받는 혹은 고통받고 있는 모습을 객관화하면서
자신을 단련하고 있는지.

이런 작가들을 볼 때면 솔직한 그들에게
존경심 내지는 부러운 시선을 보낸다.
특히, 그림으로 그런 자전적 이야기들을
뽑아내는 작가들은 대단하다!

체스터 브라운이 그런 작가다.
솔직하지만 결코 감정 과잉으로 치닫지 않는
절제가 돋보이는 작가. 그럼에도

체스터 브라운의 최근작으로 처음 접한 것이

감정표현에 서툰 체스터는 모든 관계에서도
서툴다. 10대의 과격한 질풍노도 보다는
표출되지 못하는 감정을 그림에 담는다.
체스터 브라운의 매력은 이런 것이 아닐까.

자기가 누구를 좋아하는지
지금 자신에게 무슨 일이
일어나고 있는지, 심지어
가족에게 어떤 일이
일어나는지 무관심한 듯하지만
예민하게 상처받는 체스터.

<너 좋아한 적 없어>는 오로지 작가 자신의
자전적 이야기로 담담함이 특징이었다면
그의 못 말리는 단편집 <똑똑, 리틀맨>은
작가로서 단계를 밟아가는 그의 모습을 볼 수 있다.

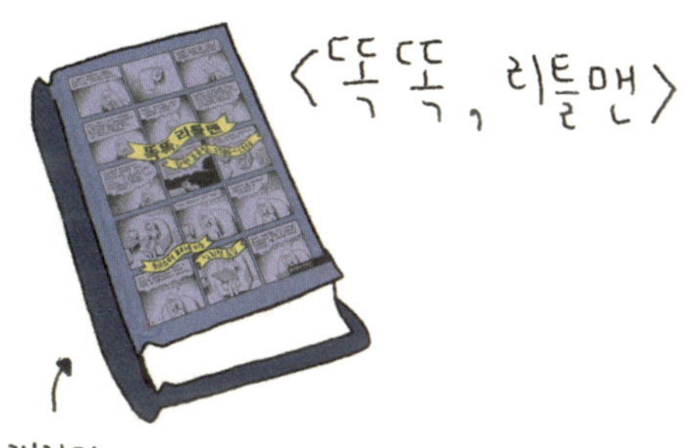

개정판
단편 모음집으로
1980 ~ 1995년까지의
그의 작품을 모두 볼 수 있다.

누군가에게 선물한 만화에서부터 화장실 변기
위에서 상상한 이야기까지 모조리 담은 단편집.
이 단편집이야말로 체스터 브라운의 일대기
같은 느낌이 든다.

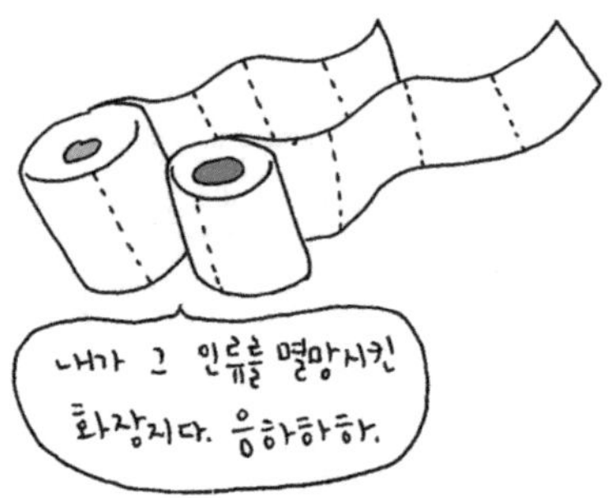

책의 마지막 후기에 각각의 단편들을
작업할 때의 사건이나 정황들을 적고
있다. 한 쪽짜리 단편에도 그것만의
사정이 있었고 감정이 있었던 거다.

단편을 읽으며 내내 당혹스러웠던 나는
후기를 읽고 단편들을 다시 보았다.
그때서야 끄덕여지는 감정들이 있었다.

"누군가의 책을
읽을 때 그들의
사건이 포함되어
있으면, 감사의 마음이
든다. 그래서 나도
내 모든 책에 항상
내 사건을 넣는다."

체스터 브라운의 담담한 체념과
황당한 상상력과 불친절한
스토리까지도 조금은 이해가 된다.
나는 또다시 체스터 브라운의
사건을 읽고 있다. 어쩌면 나와 닮은.

PS. 체스터 브라운의 개정판을 받아들고.

'체스터 브라운'의 책 사이즈와 내지로 된
다이어리가 있었으면 좋겠다고 생각했다.
이런 종이 느낌이 너무 좋아서.
이상은 황당한 PS 였다.

그리고 또 하나, 체스터 브라운을 따라 해보았다.

2012년 9월 6일 오후

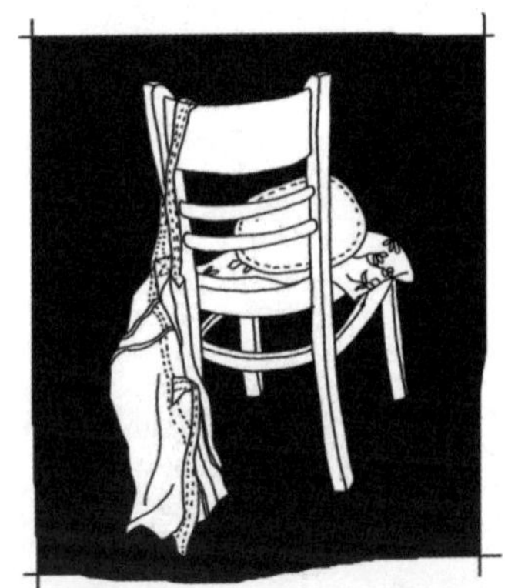

소설, 왜 읽으세요?

1. 소설은 재미있다.

너무 재미만을 추구하면 도움인 안 된다는 말을 지겹게 들었지만 없는 시간, 아까운 시간이기에 내가 좋아하고 흥미로워할 책을 읽는 것이다.

2. 소설은 휴식이다.

일상의 자잘한 고뇌들로 수백 마리의 개들이 컹컹거리며 머릿속을 헤집어놓을 때, 잠깐의 독서로 휴식을 얻는다.

3. 소설은 상상력 트레이닝이다.

내 모든 상상력의 근원은 지금까지 읽어온 소설에 있다. 인간에게 상상력이 없다면 얼마나 싱거운 일상을 살아가게 될까? 나는 상상만으로도 짜릿한 공상들을 소설 속에서 발견하곤 한다. 더불어 비루하고 남루하지만 치열한 현재를 보기도 한다.

몰입 독서를 위한 추천 리스트

1. 스토킹할 작가를 발견하다

기리노 나쓰오, 김수현 옮김, 〈메타볼라〉, 황금가지, 2009.
기리노 나쓰오, 권남희 옮김, 〈부드러운 볼〉, 황금가지, 2009.
기리노 나쓰오, 김수현 옮김, 〈아웃〉 1~2, 황금가지, 2007.
기리노 나쓰오, 이은주 옮김, 〈아임 소리 마마〉, 황금가지, 2006.
기리노 나쓰오, 김수현 옮김, 〈암보스 문도스〉, 황금가지, 2007.
기리노 나쓰오, 김수현 옮김, 〈잔학기〉, 황금가지, 2007.
김애란, 〈달려라, 아비〉, 창비, 2005.
김애란, 〈두근두근 내 인생〉, 창비, 2011.
김애란, 〈침이 고인다〉, 문학과지성사, 2007.
무라카미 하루키, 양윤옥 옮김, 〈IQ84〉 1~3, 문학동네, 2009~2010.
무라카미 하루키, 김난주 옮김, 〈노르웨이의 숲〉, 한양출판, 1993.
무라카미 하루키, 윤성원 옮김, 〈태엽 감는 새〉 1~4, 문학사상사, 2002.
무라카미 하루키, 김춘미 옮김, 〈해변의 카프카〉 상 · 하, 2003.
장은진, 〈아무도 편지하지 않다〉, 문학동네, 2009.
장은진, 〈앨리스의 생활 방식〉, 민음사, 2009.
장은진, 〈키친 실험실〉, 랜덤하우스코리아, 2008.
정이현, 〈너는 모른다〉, 문학동네, 2009.
정이현, 〈달콤한 나의 도시〉, 문학과지성사, 2006.
천명관, 〈고래〉, 문학동네, 2004.
천명관, 〈고령화 가족〉, 문학동네, 2010.
천명관, 〈유쾌한 하녀 마리사〉, 문학동네, 2007.

2. 놀랍도록 아름다운 시선

메릴린 로빈슨, 유향란 옮김, 〈하우스키핑〉, 랜덤하우스코리아, 2008.
무레 요코, 권남희 옮김, 〈카모메 식당〉, 푸른숲, 2011.
버지니아 울프, 이미애 옮김, 〈자기만의 방〉, 민음사, 2006.
애니타 브루크너, 김정 옮김, 〈호텔 뒤락〉, 문학동네, 2011.
왕하이링, 홍순도 옮김, 〈신 결혼시대〉, 비채, 2010.
요른 릴, 백선희 옮김, 〈북극 허풍담〉 1~3, 열린책들, 2012.
덴도 아라타, 양억관 옮김, 〈가족 사냥〉, 문학동네, 2003.
덴도 아라타, 권남희 옮김, 〈애도하는 사람〉, 문학동네, 2010.
필립 로스, 정영목 옮김, 〈에브리맨〉, 문학동네, 2009.
하진, 김연수 옮김, 〈기다림〉, 시공사, 2007.

3. 미스터리와 판타지와 호러가 뒤섞인 그곳

교고쿠 나츠히코, 김소연 옮김, 〈철서의 우리〉 상·중·하, 손안의책, 2010.
구지라 도이치로, 박지현 옮김, 〈금요일 밤의 미스터리 클럽〉, 살림출판사, 2010.
기예르모 델 토로, 척 호건 공저, 조영학 옮김, 〈스트레인〉 1~2, 문학동네, 2009.
누쿠이 도쿠로, 김소영 옮김, 〈난반사〉, 문학동네, 2011.
마키 사쓰지, 김선영 옮김, 〈완전연애〉, 문학동네, 2011.
마티아스 말지외, 임희근 옮김, 〈심장의 시계장치〉, 문학동네, 2009.
미쓰다 신조, 권영주 옮김, 〈잘린 머리처럼 불길한 것〉, 비채, 2010.
미야베 미유키, 권일영 옮김, 〈낙원〉, 문학동네, 2008.
욘 아이비데 린드크비스트, 최세희 옮김, 〈렛미인〉 1~2, 문학동네, 2009.
우타노 쇼고, 현정수 옮김, 〈그리고 명탐정이 태어났다〉, 문학동네, 2010.

우타노 쇼고, 김성기 옮김, 〈벚꽃지는 계절에 그대를 그리워하네〉, 한스미디어, 2005.
우타노 쇼고, 김성기 옮김, 〈시체를 사는 남자〉, 한스미디어, 2010.
장 자끄 상뻬, 이원희 옮김, 〈각별한 마음〉, 열린책들, 2010.
제프 린제이, 김효설 옮김, 〈친절한 킬러 덱스터〉, 비채, 2010.
최제훈, 〈퀴르발 남작의 성〉, 문학과지성사, 2010.
카를로 프라베티, 김민숙 옮김, 〈책을 처방해 드립니다〉, 문학동네, 2009.
히가시노 게이고, 이선희 옮김, 〈방황하는 칼날〉, 바움, 2008.

4. 이 소설이 나를 선택하다

마리오 바르가스 요사, 송병선 옮김, 〈나쁜 소녀의 짓궂음〉, 문학동네, 2011.
무라카미 류, 권남희 옮김, 〈노래하는 고래〉 상 · 하, 네오픽션, 2012.
미셸 투르니에 · 헤르타 뮐러 외, 장희창 옮김, 〈책그림책〉, 민음사, 2001.
빅토르 위고, 정기수 옮김, 〈레 미제라블〉 1~5, 민음사, 2012.
에밀 아자르, 김남주 옮김, 〈가면의 생〉, 마음산책, 2007.
에밀 아자르, 김남주 옮김, 〈솔로몬 왕의 고뇌〉, 마음산책, 2012.
조경란, 〈복어〉, 문학동네, 2010.
줄리언 반스, 신재실 옮김, 〈사랑, 그리고〉, 열린책들, 2009.
줄리언 반스, 최세희 옮김, 〈예감은 틀리지 않는다〉, 다산책방, 2012.
폴 세르주 카콩, 백선희 옮김, 〈로맹 가리와 진 세버그의 숨 가쁜 사랑〉, 마음산책, 2012.
헤르타 뮐러, 박경희 옮김, 〈숨그네〉, 문학동네, 2010.

5. 공포가 일상이 되는 순간

공살루 M. 타바리스, 엄지영 옮김, 〈예루살렘〉, 열린책들, 2011.

모옌, 심규호 · 유소영 옮김, 〈개구리〉, 민음사, 2012.
소래섭, 〈백석의 맛〉, 프로네시스, 2012.
손아람, 〈소수의견〉, 들녘, 2010.
손아람, 〈진실이 말소된 페이지〉 1~2, 들녘, 2008.
아베 코보, 김난주 옮김, 〈모래의 여자〉, 민음사, 2011.
엘레나 코스튜코비치, 김희정 옮김, 박찬일 감수, 〈왜 이탈리아 사람들은 음식 이야기를 좋아
할까?〉, 랜덤하우스코리아, 2010.
캐스린 스토킷, 정연희 옮김, 〈헬프〉 1~2, 문학동네, 2011.
덴도 아라타, 김소연 옮김, 〈영원의 아이〉 상 · 하, 북스피어, 2010.
편혜영, 〈재와 빨강〉, 창비, 2010.

6. 내 친구 같은 만화

김성희, 〈몹쓸년〉, 수다, 2010.
마르잔 사트라피, 정재곤 · 정유진 옮김, 〈바느질 수다〉, 휴머니스트, 2011.
마르잔 사트라피, 김대중 · 최주현 옮김, 〈페르세폴리스〉 1~2, 새만화책, 2005~2008.
마르크앙투안 마티외, 이세진 옮김, 〈꿈의 포로 아크파크〉 1~5, 세미콜론, 2011.
마크 칼레스니코, 문형란 옮김, 〈우편주문 신부〉, 씨네21북스, 2010.
바스티앙 비베스, 그레고리 림펜스 · 이혜정 옮김, 〈염소의 맛〉, 미메시스, 2010.
브누아 페테르스 글, 프랑수아 스퀴텐 그림, 정장진 옮김, 〈기울어진 아이〉, 세미콜론, 2010.
체스터 브라운, 김영준 옮김, 〈너 좋아한 적 없어〉, 미메시스, 2012.
체스터 브라운, 김희진 옮김, 〈똑똑, 리틀맨〉, 미메시스, 2012.
허영만, 〈식객〉, 김영사, 2003~2010.

THE
END